누가복음(성경, 이해하며 읽기)

Reading in understanding the Bible

누가복음(성경, 이해하며 읽기)

발 행 | 2022년 10월 1일
저 자 | 장석환
펴낸이 | 장석환
펴낸곳 | 도서출판 돌계단
출판사등록 | 2022.07.27(제393-2022-000025호)
주 소 | 안산시 상록구 이동 삼태기2길 4-16
전 화 | 031-416-9301
이메일 | dolgaedan@naver.com

ISBN | 979-11-979752-9-5

https://blog.naver.com/dolgaedan

누가복음

장석환 지음

CONTENT

성경, 이해하며 읽기 시리즈를 시작하며.

성경은 하나님의 음성입니다.
말씀에는 하나님의 뜻(지)과 마음(정)과 의지(의)가 담겨 있습니다.
마음과 의미가 전달되지 않는 대화가 무의미하듯이
성경을 이해하지 않고 읽으면 성경을 읽는 것이 아닙니다.
뜻을 이해하며 읽으면 마음이 전달됩니다.
마음이 전달되면 행할 힘과 용기도 심어집니다.

모든 사람이 성경을 이해하며 읽을 수 있도록
너무 많지도 않고 적지도 않은 설명이 필요하다 생각하였습니다.
디자인을 포기하고
책 크기와 글씨 크기를 크게 하였습니다.

성경을 조금 더 능동적으로 읽으십시오.
하나님께서 왜 이런 말씀을 하셨을지를 생각하면서 읽어야 합니다.
그래서 짧은 주석 형식으로
구절 설명과 의미를 전달하고자 하였습니다.
단어의 의미와 문맥의 의미 그리고 배경 문화를 설명하였습니다.
능동적으로 생각하면서 읽으면
성경이 살아 움직이는 것을 느낄 것입니다.

매일 말씀을 준비하고 잠자리에 들때마다
가슴이 벅차서 잠이 제대로 오지 않았던 적이 많습니다.
설교를 들었던 믿음의 공동체와 내가 읽은 수많은 책의 저자들 모두
공동 저자입니다.
이 책이 하나님을 실제적으로 만나는 행복의 통로가 되기를

하나님께 영광 되기를 기도합니다.

서론

꼭 성경과 함께 읽으십시오. 성경을 읽어 가면서 해당 구절 설명을 읽으십시오.

1.저자

복음서는 마태, 마가, 요한 모두 예수님을 직접 만난 사람들이 기록하였다. 그런데 누가복음의 저자인 누가는 예수님을 직접 만난적이 없다. 누가는 바울의 동역자다. 그러나 그리 오래 함께하지도 못하였다. 여전히 예수님의 열 두 사도들 중에 쓸 만한 사람도 있었을 것이다. 야고보를 비롯하여 많은 목격자들이 있었다. 그런데도 불구하고 누가가 용감하게 기록하였다.

누가가 기록한 누가복음과 사도행전은 참으로 귀중한 내용들을 많이 담고 있다. 구유에 누이신 예수님과 목자들의 찬양은 누가가 아니었으면 모르고 넘어갈 뻔한 이야기이다. 첫 크리스마의 유일한 이야기가 묻힐 뻔한 것이다.

2.누가복음의 특이 사항

누가복음(19,446 단어)은 신약성경 중 가장 긴 성경이다. 누가복음의 속편 격인 사도행전(18,412 단어)이 두번째로 길다. 성경 권 수는 바울이 누가 보다 훨씬 더 많이 기록했지만 단어 수를 생각하면 누가가 기록한 누가복음과 사도행전이 바울 전체 저작보다 더 길다. 누가는 신약성경의 최대 분량 저자이다.

3.누가복음 관련 주요 사건 연대(CSB Study Bible: Notes)

50–5 BC

-아우구스투스 가이사르의 통치 시작. **주전 44 년** 3.15

-로마 원로원 헤롯을 유대인의 왕으로 선언. **주전 39 년**

-헤롯이 이전에 그가 지명했던 영역을 자신의 통치지역으로 여김 **주전 37 년**

-헤롯이 **주전 20 년**에 예루살렘 성전의 대대적인 확장을 시작. 내부 성소는 1 년 반 만에 완성되었고 나머지 성전은 **주후 63 년에 완공**되었는데, 그로부터 불과 7 년 만에 파괴되었다.

-헤롯이 다스리던 지역에서 **주전 6~4 년**의 제국 인구 조사

5 BC–AD 9

-예수의 탄생 **주전 5 년**

-헤롯이 죽기 직전의 월식 **주전 4 년 3 월 12/13 일**

- **주전 4 년 4 월 11 일** 헤롯이 죽은 직후 유월절을 지켰다

-헤롯의 아들 헤롯 필립, 헤롯 안티파스, 아르켈라오스는 팔레스타인을 분할하고 로마의 보호 아래 세 지역을 통치. **주전 4 년**

-예수님은 유월절 축제를 위해 부모님과 함께 나사렛에서 예루살렘으로 가시다. **주후 9**

AD 10–30 년

-가야바의 대제사장 재임기간. 18–36 년

-본디오 빌라도의 유대 총독(행정장관) 재임기간. 26–36 년

-세례 요한의 사역 시작. 29 년

-예수님의 세례. 29 년

-예수님의 광야 시험. 29 년

-예수님의 첫 제자들을 부르심. 29 년

-예수님의 공생애 첫 유월절. 30 년

-예수님은 세례 요한이 죽었다는 소식을 듣고 유대에서 갈릴리로 가시다. **30 년**

AD 31-33 년

-예수님의 사역의 두 번째 유월절; 그는 안식일에 곡식을 따는 것에 대해 점점 더 많은 의심을 받게 됨. **31 년**

-예수님은 세 번째 유월절 즈음에 5,000 명을 먹이시다. **32 년**

-32 년의 유월절과 33 년 사이에 예수님은 공생애를 그만두고 제자들을 준비시키는 일에 집중하신다. 이 기간 동안 베드로가 빌립보 가이사랴에서 고백하고 예수님의 변형이 있었다.

-예수의 시련, 죽음, 부활 니산월 14~16 일 또는 **33 년 4.3-5**

1장

1:1-4 *서론*

1:1 우리 중에 이루어진 사실. 누가는 하나님의 말씀이 예수님과 그 시대에 성취된 것을 알고 놀라워하며 기록한다고 말한다.

1:2 목격자와 말씀의 일꾼된 자들이 전하여 준. 이것을 이미 기록한 사도도 있다. 누가는 목격자가 아니다. 망설이는 마음도 들었을 것이다. 그러나 용기를 내 기록하기 시작하였다. 그의 기록은 하나님께서 특별히 사용하시는 성경이 되었다.

1:5-2:52 *두 아기 이야기*. 시작 부분(1:8-23)과 마침 부분(2:21-52)의 장소가 동일하게 성전이다.

1:5-25 *세례요한의 출생 예고*

1:5 유대 왕 헤롯 때에. 헤롯은 유대인도 아니면서 유대의 왕으로 오랜 세월 통치하였다. 헤롯은 똑똑하기는 하였지만 난폭하였다.

한 사람이 있었으니 이름은 사가랴요. 말라기 이후 선지자의 예언이 멈춘 지 400 년이 되어 영적으로 어두웠다. 그런데 한 가정이 있었으니 그 가정부터 예수님 이야기가 시작된다. 놀라운 새 시대가 그렇게 준비되고 있었다.

1:6 이 두 사람이 하나님 앞에 의인이니. 말씀을 따라 사는 아름다운 사람이 있었다. 하나님께서 새로운 미래를 여실 때 어떤 사람을 사용하셨는지 보라. 늘 있는 자리에서 힘을 다하며 아름답게 사는 사람들(의인)이었다. 바울, 루터, 칼빈, 웨슬리 누구든 보라. 그들은 모두 있는 자리에서 열심히 살아서 하나님께서 사용하고자 하실 때 준비된 사람들이었다. 외국어, 윤리, 신학 등 많은 면에서 준비되어 있었다. 미래는 준비된 사람들에 의해 열린다.

1:7 자식이 없고. 사가랴는 자녀가 없었다. 이 당시 자녀가 없다는 것은 오늘날하고 느낌이 많이 다르다. 자녀가 없으면 거의 저주받은 집처럼 생각하였다. 자녀를 생각하면 늘 마음이 아팠을 것이다. 그러나 그러한 아픔에도 불구하고 사가랴는 하나님의 사람으로 흠 없이 살았다.

1:8-9 반열의 차례대로. 제사장의 직무를 행하는 때가 되었다. 제사장은 24 반열이 있었다. 제사장 수가 18,000 명쯤 되었다. 한 반열이 일 년에 두 번 일 주일 동안 성전에서 섬길 수 있었다. 한 반열이 750 명의 제사장으로 구성되어 있으니 그 중에서 제비를 뽑아 성전의 일을 하였을 것이다. 그 중에 또 제비를 뽑아 한 명의 제사장만이 성소 안에 들어가 향단에 불을 붙이고 정리하는 일을 하였다. 산술적으로는 성소에 들어가 향을 피울 수 있을 확률은 평생 0.5 번의 기회가 있다. 아마 사가랴는 지금까지 한 번도 성소에 들어가 섬기는 일을 하지 못하였을 것이다(한 번이라도 들어가면 빼고 제비뽑기). 평생 한 번이라도 걸릴 확률이 50%밖에 안 되는데 드디어 사가랴에게 그 날이 된 것이다.

1:13 천사가 그에게 이르되. 웅장한 성소 안에서 압도당한 채 분향하던 사가랴는 갑자기 나타난 천사를 보았다. **엘리사벳이 네게 아들을 낳아 주리니.** 천사는 그에게 더욱 놀라운 좋은 소식을 전하여 주었다. 아들을 낳을 것이라 하였다. **이름을 요한이라 하라.** 흔히 '세례요한'이라 하는데 세례는 별명이고 이름은 요한이다. 요한의 뜻은 '하나님께서 은혜 베푸셨다'이다. 사가랴가 아들을 낳는다는 것은 참으로 큰 은혜였다. 나아가 더 큰 구원의 은혜가 담겨 있는 이름이다.

1:14 너도 기뻐하고 즐거워할 것이요 많은 사람도 그의 태어남을 기뻐하리니. 사가랴는 평생 기다려온 그 날이 되어 성소의 분향단 일을 하고 있었다. 그에게 매우 기쁜 날이다. 그곳에서 그가 '아들을 낳게 될 것이다'는 소식을 들었다. 아주 기쁜 소식이다. 그런데 왜 '많은 사람도 기뻐하리니'라고 말할까? 요한이 태어나는 것은 다른 차원의 기쁨을 사람들에게 가져다 줄 것이기 때문이다. 요한은 구원의 시대를 알리는 전파자가 될 것이다. 온 인류의 소원인 구원자(메시야)가 오시는 기쁜 소식을 전할 것이다.

1:15 주 앞에서 큰 자가 되며. '주 앞에 큰 자'이다. 하나님께서 보시기에 큰 자이다. 왜 큰 자일까? 하나님의 나라를 위하여 일할 사람이기 때문이다. **포도주나 독한 술을 마시지 아니하며.** 그는 술 취하여 있을 시간과 정신이 없었다. 세상에 취해 있지 않고 하나님 나라에 충만할 것이다. **모태로부터 성령의 충만함을 받아.** 요한은 하나님 나라를 위해 평생 나실인이 될 것이다. 구별된 사람이 될 것이다. 위대한 천국을 전하는 일에 집중할 것이다.

1:16 이스라엘 자손을...많이 돌아오게 하겠음니라. 그는 사람들을 하나님께로 많이 돌아오게 할 것이기 때문에 큰 자이다.

1:17 엘리야의 심령과 능력으로. 유대인들은 선지자 엘리야의 돌아옴과 율법 해석에 있어 그 역할에 대한 많은 이야기가 있다. 오늘날에도 유월절을 지킬 때 식탁에 빈 의자를 두어 엘리야의 다시 옴을 소망한다.

1:18 내가 이것을 어떻게 알리요. 사가랴는 천사의 말에 확실한 증거를 요청하였다. 사가랴는 의인이었다. 그런데도 믿지 못하였다. 아마 믿기지가 않았을 것이다. 너무 좋은 소식이요 놀라운 소식이었기 때문이다. 그는 시대의 아픔을 안고 기도하는 사람이었을 것이다. 그런데 정작 이렇게 좋은 소식이 전해지자 당황했던 것 같다. 그만큼 놀라운 소식이었다. '주님이 오시는 이야기'가 이 뒷부분에 나온다. 매우 놀랍고 기쁜 일이다. 그런데 사람들은 잘 모른다. 세상은 늘 그렇다. 2000 년이 지난 오늘 하나님의 나라는 힘 있게 그 백성을 호명하며 부르고 있다. 구원 열차에 오를 사람을 부르고 있다. 그런데도 불구하고 사람들은 그것을 좋은 소식으로 듣지 않고 있다. '구원 열차에 오르라'는 소식에도 불구하고 할 일이 많다고 다른 곳으로 향하고 있다. 얼마나 슬픈 현실인가.

1:20 네가 말 못하는 자가 되어 능이 말을 못하리니. 직역하면 '조용하게 되고 말을 못하게 되어'이다. 청각과 언어 장애를 가지게 된 것이다. 눅 1:61-63 을 보면 사가랴가 말을 못할 뿐 아니라 말을 듣지 못하는 것을 볼 수 있다. 가장 중요한 순간에 하나님 나라에 대해 무지한 사람처럼 행동하는 사가랴를 잠시 세상의 모든 것을 듣지 못하고 말하지 못하도록 만드신 것이다. 작은 책망이지만 또한 하나님 나라에 더 집중할 수 있도록 하신 것 같다. **보라 이 일이 되는 날까지.** '보라'는 강조하는 역할을 한다. 사가랴는 요한이 태어나는 때까지 세상의 말을 듣지도 못하고 하지도 못할 것이다. '되는 날까지'는 앞 1 절의 '우리 중에 이루어진 사실에 대하여'라고 말하면서 사용된 단어와 같은 단어다. 누가가 그리스도를 통해 성취된 사건을 보면서 뜨거운 가슴으로 글을 쓸 수밖에 없었던 것에 대한 이야기다. 이 단어를 통해 약속된 하나님 나라가 이 땅에 이루어지고 있는 것을 알리고 있다. 아기가 태어나는

작은 약속이 성취되는 것을 통해 아담 이후 약속된 하나님 나라가 성취되는 것을 더욱 보게 될 것이다.

1:24 엘리사벳이 다섯 달 동안 숨어 있으며. 사가랴의 아내 엘리사벳은 잉태를 하고도 그 좋은 소식을 다섯 달 동안 숨겼다. 왜 숨겼을까? 남편이 말을 하지 못하고 듣지 못하는 것을 보고 하나님의 섭리를 느낀 것일까? 그는 좋은 소식을 전하는 것을 잠시 보류하기로 한다. 홀로 좋은 소식에 온전히 집중한다. 사가랴는 청각과 언어 장애인으로 살면서 하나님을 향하여 귀와 입을 열고 깊이 인식하는 시간을 갖고 엘리사벳은 세상을 향하여 침묵함으로 오직 하나님을 바라보았다.

1:26-38 *예수의 출생 예고*. 앞에 나온 세례요한은 부모의 나이가 문제였으나 이제 예수님은 어머니가 너무 젊어 처녀라는 사실이 문제가 된다. 세례요한은 메시야를 준비하는 사람이기에 놀라운데 예수님은 메시야이시다. 그래서 더욱더 놀라운 이야기가 된다.

1:26 여섯째 달에. 천사 가브리엘이 예루살렘 성전에서 사가랴에게 나타나 좋은 소식을 전한 지 6 째 달이 되었을 때. **하나님의 보내심을 받아 갈릴리 나사렛이란 동네에 가서.** 나사렛은 많은 상인들이 지나가는 마을이기는 하지만 작은 농촌 마을이었다. 작은 마을인 나사렛에 하나님께서 가브리엘을 보내셨다. 이 작은 마을이 큰 좋은 소식의 중심지가 된다.

1:27-28 은혜를 받은 자여. 마리아는 지금 하나님의 은혜의 중심에 서 있다. 세상을 구원하시는 하나님의 은혜가 마리아를 통해 일하실 것이기 때문이다. **주께서 너와 함께 하시도다.** 하나님께서 마리아와 함께 하셔서 놀라운 일을 하실 것이다. 하나님의 능력과 은혜가 마리아에게 임할 것이다.

1:29 그 말을 듣고 놀라. '놀라'는 '매우 놀라'로 번역하는 것이 더 좋다. 천사가 나타남이 놀라운 일이었고 그가 전하는 말은 더욱더 놀라운 내용이었다. **이런 인사가 어찌함인가.** 영광의 하나님께서 어찌 자신과 함께 하신다는 것인지 매우 의아하고 놀랐다.

1:31-32 네가 아들을 낳으리니. 세상에 이런 일이 가능할까? '처녀가 잉태한다'는 것 자체가 말이 안 된다. 오늘날 우리들은 이러한 표현에 익숙하다. 그러나 당사자인 마리아는 매우 놀랐을 것이다. **지극히 높으신 이의 아들.** 그 아기가 하나님의 아들이라 말한다. **조상 다윗의 왕위를 그에게 주리니.** 그는 온 이스라엘 백성들이 기다리고 있는 '다윗의 왕위'를 가진 메시야임을 의미한다. 천사는 지금 작은 시골 마을에 와서 무슨 말을 하고 있는 것일까?

1:34 나는 남자를 알지 못하니 어찌 그런 일이 있으리이까. 마리아가 임신한다는 것은 말도 안 되는 일이고 위험한 일이다. 세상을 구원하는 메시야의 오심이기에 매우 좋은 일이지만 도저히 이해할 수 없는 소식이었다.

1:35 성령이 네게 임하시고...나실 바 거룩한 이는 하나님의 아들이라. 여전히 이해되지 않는 말이다. 어떤 역사에서도 이런 경우가 없었기 때문이다.

1:36 친족 기본적으로 마리아와 엘리사벳의 혈연관계를 의미할 수 있다. 이 단어는 어떤 특별한 촌수를 의미하는 것은 아니며 때로는 같은 지역 출신을 의미할 때도 있다.

1:37-38 하나님의 모든 말씀은 능하지 못하심이 없느니라. 천사를 통한 하나님의 말씀을 마리아는 다 이해하지 못하였다. 그러나 분명히 아는 것은 천사가 전하는 것처럼 하나님께서 하시고자 하신다면 무엇이든지 하실 수 있다는 사실이었다. **주의 여종이오니 말씀대로 내게 이루어지이다.**

마리아는 즉각 순종했다. 이해할 수도 없고 매우 위험하기도 한 계약을 맺은 것이다. 앞 부분에서 사가랴는 천사가 전해주는 임신 소식에 멈칫하였다. 증거를 요청하였다. 그러나 마리아는 증거를 요청하지 않았다.

1:39-45 *마리아의 엘리사벳 방문.* 임신한 마리아가 자신에게 일어난 일의 확인을 위해 친척 엘리사벳을 방문한다. 엘리사벳의 집에서 마리아는 확신을 갖게 된다.

1:39 이 때에 마리아가 일어나 빨리 산골로 가서. 천사와의 대화 후 마리아는 천사가 알려준 엘리사벳의 임신을 생각했다. 재빨리 엘리사벳에게 갔다. '산골'은 '유대 산지'를 말한다. 전통적으로는 베들레헴 근처로 추정한다. 나사렛에서 가기에는 꽤 먼 거리(3-5 일 거리)다. 게다가 여인 혼자 가기에는 더욱더 위험하다. 그렇지만 가야만 하는 주체할 수 없는 마음이 들었을 것이다. 세상 사람들은 아무도 모르기에 그가 들은 기쁜 소식을 어찌 확인할 방법도 없고 나누는 것도 어려웠을 것이다. '진짜 엘리사벳이 임신하였을까? 연세가 많으신데'라고 생각하면서 그 길을 갔을 것이다.

1:41 아이가 복중에서 뛰노는지라. 엘리사벳 뱃속의 아기가 먼저 반응하였다. 아마 발로 배를 막 찬 것 같다. 그 순가 엘리사벳우 성령 충만함을 입었다.

1:42 큰 소리로 불러 이르되. 바로 앞에 있는 사람에게 큰 소리로 말한다는 것은 감정적으로 매우 흥분되어 있음을 보여준다. **여자 중에 네가 복이 있으며.** 여자들 중에 마리아가 가장 복되다는 말이다. 왜 갑자기 그런 말을 하였을까? **네 태중의 아이도 복이 있도다.** 마리아의 뱃속에 있는 아기는 아직 배아에 불과하다. 아직 외관적으로는 전혀 드러나지 않았다. 그럼에도 불구하고 엘리사벳은 마리아의 임신을 알고 축복하고 있다.

1:43 내 주의 어머니가 내게 나아오니. 자신보다 한참 어린 친척 동생이다. 그런데 동생이 임신하고 있는 아기를 '자신의 주'라고 말한다. 메시야의 어머니라는 말이기도 하다. 이러한 고백이 매우 놀랍다. 엘리사벳이 단지 성령 충만하여 모르고 하는 말은 아닐 것이다. 엘리사벳은 자신과 남편에게 일어난 일에 대해 어느정도 인식하고 있었던 것 같다. 자신에게서 메시야를 준비하는 아기가 태어난다는 것은 또한 메시야가 태어난다는 것을 의미한다. 그렇게 큰 일이 자신들에게 실제로 일어난다는 것을 받아들이는 것도 매우 어려울 것이다. 엘리사벳은 복음의 시대를 온전히 바라보고 있다.

1:45 말씀이 이루어지리라 믿은 그 여자에게 복이 있도다. 마리아는 천사에게 '주께서 하신 말씀이 반드시 이루어지리라' 고백했었다. 그러나 매우 무섭고 놀라웠을 것이다. 엘리사벳의 말을 들은 마리아는 또 한 번 더 놀랐을 것이다. 자신이 말도 하지 않았는데 자신의 임신을 알고 엘리사벳의 태아가 반응하고 엘리사벳이 메시야의 잉태를 찬양하니 얼마나 놀랐겠는가? 그러나 엘리사벳을 만나면서 모든 두려움이 눈 녹듯 사라지고 하나님을 향한 믿음이 확신으로 발전하였을 것이다.

1:46-56 *마리아의 찬양* 마리아가 엘리사벳을 만나러 오기까지 심신의 고뇌와 고통이 얼마나 컸을까. 엘리사벳의 예언과 같은 말에 마리아는 모든 아픔이 녹아내리며 감격의 찬양을 드린다.

1:46 내 영혼이 주를 찬양하며. 복음의 소식이 확인되었을 때 그가 할 수 있는 것은 '주를 찬양하는 것'이었다. 믿기지 않는 소식이었다. 너무 놀라운 소식이다. 그런데 그것이 진짜였다. 그러니 가슴 벅참으로 찬양하였다.

1:48 여종의 비천함을 돌보셨음이라. 마리아의 현재 상황이 얼마나 낮은자의 위치였는지는 알려진 바가 없다. 사실 모든 인간은 비천한

자이다. 타락한 세상에서 타락한 모습으로 사는 모든 것이 비천한 자의 모습이다. 복음은 비천한 자를 돌보시는 하나님의 긍휼의 마음 때문에 주어졌다. **만세에 나를 복이 있다 일컬으리로다.** 마리아의 처지는 이제 비천한 자에서 가장 복된 자가 되었다. 그것을 고백하며 찬양하고 있다. 이때 '가장 복된 자'가 된 것은 메시야를 잉태하였기 때문이 아니다. 그가 천국의 일꾼이 되어 사용되었기 때문이며 그가 천국을 믿음으로 받아들였기 때문이다. 모든 믿는 자도 이렇게 고백할 자격이 있다.

1:50 긍휼하심이 두려워하는 자에게 이르는도다. 하나님의 긍휼하심이 '두려워하는 자'에게 대대로 있을 것이다. 하나님을 경외하는 사람에게 임할 복을 말한다. 마리아는 세상의 약육강식을 보아왔을 것이다. 무엇을 한들 변하지 않는 한계를 보았을 것이다. 철저한 신분의 한계와 여성으로 불합리함도 당하였을 것이다. 그러나 복음의 시대는 그러한 것이 중요하지 않고 오직 '하나님을 두려워하는 것'이 중요함을 고백하고 있다. 오직 하나님을 경외하는 사람에게 하나님의 긍휼이 임하여 복음에 참여하게 될 것이기 때문이다.

1:52-53 권세 있는 자를 그 위에서 내리치셨으며 비천한 자를 높이셨고. 세상의 근본적인 역전에 대한 이야기이다. 새시대 이기 때문이다. 그동안 메시야가 오기 전에는 세상의 모습이 절대적이었다. 권세와 부는 낮은자를 내리쳤다. 그러니 구원의 시대는 그것이 전혀 중요하지 않다. 오히려 그러한 억압 속에 있는 사람들이 복음에 더 간절하여 더 받아들인다면 더 복된 것이다.

1:56 석 달쯤 함께 있다가. 마리아는 엘리사벳과 3 달간 함께 하였다. 그 기간 동안 복음의 시대에 대해 많은 이야기를 하였을 것이다. 메시야에 대해 이야기하고 기도하였을 것이다. 세상의 일로 가득한 시대 속에서 복음의 시대를 살아가려면 복음의 이야기를 많이 들어야 한다. 믿음의 사람들이 복음의 시대를 살아가지 못하는 것은 세상의 일로 가득하기 때문이다. 우리의 시간을 복음의 일로 조금 더 채워야 한다.

1:57-66 *세례요한의 출생.* 세례요한의 이름 짓기에 대한 에피소드가 소개되고 있다.

1:58 주께서 그를(엘리사벳) 크게 긍휼히 여기심을 듣고 즐거워하더라. 아기만 낳아도 기쁜 소식인데 늙어 포기한 엘리사벳이 아기를 낳았으니 주변에서 얼마나 기뻐하고 축하해 주었을까? 아기의 출생은 엘리사벳을 향한 긍휼 그 이상이다. 아기가 태어나게 하신 것은 하나님의 긍휼이 필요한 사람들에게 은혜 베푸시기 위함이었다. 아이가 없었던 엘리사벳에 비해 그들은 자녀가 있었기 때문에 행복하다 느꼈을 것이다. 그러나 모든 사람에게 하나님의 긍휼이 필요하다.

1:59 팔 일이 되매. 보통 출생하면 아기 이름을 바로 지었다. 그러나 아기의 아버지가 말을 못하고 있으니 기다렸지만 아기가 할례를 받게 되었을 때 이제는 이름을 지어야 한다고 생각하였을 것이다. **아버지의 이름을 따라 사가랴라.** 이스라엘에서 족보는 오늘날 우리들이 생각하는 상상 이상으로 매우 중요하였다. 특히 사가랴의 집은 제사장 집안이기 때문에 족보가 더욱더 중요하였을 것이다. 아기의 이름을 지을 때 가장 흔하게는 할아버지의 이름을 따라 지었다. 아니면 아버지의 이름을 따라 지었다. 그래서 아기의 이름을 사람들에게 존경받는 사가랴의 이름을 따라 지으려 하였다.

1:60 요한이라 할 것이라. 엘리사벳은 그의 남편 사가랴로부터 얻은 정보에 따라 천사로부터 들은 이름대로 '요한'이라 짓고자 하였다. 그런데 집안에 그런 이름을 사용한 조상이 없었다. 그래서 충돌이 일어났다.

1:63 요한이라 쓰매. 아기의 이름을 '여호와께서 기억하신다'는 사가랴라는 이름도 좋고, 조상의 이름을 따르는 전통도 좋지만 아기는 하나님의 놀라운 계획에 따라 새 시대의 은혜를 주시는 거룩하고 위대한

도구가 될 것이다. 그러니 요한이라는 이름을 양보할 이유가 전혀 없었다. 아기는 그의 이름대로 세상에 하나님의 은혜를 보여주게 될 것이다.

1:64 사가랴의 입이 열리고. 사가랴의 입과 귀가 열려서 말을 하게 되었다. 그는 무엇을 말하였을까? **하나님을 찬송하니.** 사가랴는 말할 수 있게 되었을 때 감격하여 사람들과 기쁨을 나눈 것이 아니라 하나님을 찬양하였다. 10 개월 동안 말 못하고 듣지도 못하는 세상에서 살았다. 그러나 그 가운데서 하나님의 나라를 더 깊이 볼 수 있었던 것이다.

1:66 듣는 사람들이 이 말을 마음에 두며. 사가랴가 성소에서 천사를 만난 일, 그가 말을 듣지도 못하고 하지도 못하다가 세례요한이 태어나고 이름을 지음으로 천사의 말 대로 다시 말하게 된 것, 아기는 메시야의 길을 예비하는 사람으로 태어났다는 사실 등 참으로 놀라운 이야기로 가득하다. '마음에 두며'라는 말은 앞으로도 계속 반복되어 나타난다. 놀라운 일이기에 제대로 이해되지 않았다. 그러나 마음에 두며 간직하였다.

1:67-80 *사가랴의 찬양.* 세례요한의 아버지 사가랴는 하나님께서 약속하신대로 메시야를 보내심에 대해 찬양한다. 메시야의 길을 준비하는 아기(세례요한)에 대해서도 예언한다.

1:68 그 백성을 돌보사 속량하시며. 우리는 하나님을 찬양해야 한다. 우리를 구원하시는 하나님을 찬양해야 한다. 하나님께서 이스라엘을 사랑하셔서 그들을 위해 놀라운 일을 행하셨다. '속량'이다. 사가랴는 하나님께서 이스라엘 백성들의 죗값을 갚아 주시고 그들을 구원하시는 분임을 찬양하였다.

1:70 원수의 손에서 건지심을 받고. 사람은 건짐을 받지 않으면 모두 멸망한다. 사람은 악한 영에 의해 멸망의 길을 가고 있다. 이 땅에서

아무리 행복하여도 그 마침은 영원한 멸망이다. 그래서 구원받아야만 한다.

1:77 죄 사함으로 말미암는 구원. 구원은 이스라엘 백성이 실질적 지배를 당하고 있는 로마제국이나 당시의 헤롯 대왕의 폭정으로부터 건짐을 받는 것이 아니다. '죄 사함으로 말미암는 구원'이다.

1:80 빈 들에 있으니라. 어쩌면 아이의 부모는 그리 오래지 않아 돌아가셨을 것이다. 아이는 부모도 없이 광야(빈들)로 나갔다. 유대광야는 사람이 살 곳이 못된다. 세례요한은 세상의 안락함이 아니라 오직 하나님 나라를 위해 모든 것을 바치는 삶으로 준비되었다. 세상의 안락함은 영원한 하나님 나라에 비하면 참으로 아무것도 아니다. 세례요한이 광야에서 보낸 시간은 불쌍한 시간이 아니다. 아름다운 시간이다. 하나님 나라를 위해 이 땅에서 광야 같은 인생을 사는 것은 결코 불쌍한 것이 아니다. 오히려 찬란하게 빛나는 삶이다.

2 장

2:1-21 *예수의 탄생.* 언약의 성취로서 예수의 나심과 천사의 찬양과 목자들이 예수의 나심을 축하하는 내용이다.

2:1 가이사 아구스도가 영을 내려. 예수님이 나시던 날 아구스도가 로마의 황제로 있었다. 아구스도는 사실 이름이 아니라 로마 황제에 대한 호칭이다. 그의 이름은 옥타비아누스다. 애굽의 왕을 '바로'라 하는 것처럼 로마의 특별한 황제에게 주는 호칭으로 당시의 황제인 옥타비아누스가 처음 이 호칭을 받음으로 그를 지칭하는 이름처럼 사용하고 있다. 아구스도는 위대한 황제였다. '로마의 평화' 200년은 아구스도부터 시작된다. 그는 '구주'와 '신'으로 추앙되었으며 그의

신전도 많이 세워졌다. 예수님이 나시던 때 아구스도와 예수님은 비교도 되지 않을 정도로 엄청난 차이가 있다. 그러나 사실 그 차이는 황제의 높음과 예수님의 낮음이 아니다. 황제의 낮음과 예수님의 높음이다. 황제는 신으로 불렸지만 죽었다. 그가 이룬 평화는 지배 계층을 위한 평화였다. 피지배 계층에게는 저항할 수 없는 억압이었다. 그는 이 세상에서는 가장 위대한 사람이었을 지 모르지만 결국 세상의 한계와 사람의 한계가 얼마나 나약한 지를 보여준다. 반면에 예수님은 이 세상의 평화가 아니라 이 세상에 차원이 다른 평화를 주시기 위해 오셨다. 예수님은 창조주로서 신이시며 영원한 나라를 주기 위해 오셨다. 세상에 평화를 주는 것이 아니라 세상을 구하여 다른 세상을 주시기 위해 오셨다.

2:4-5 요셉...베들레헴...호적하러 올라가니. 황제의 명 때문에 요셉이 베들레헴으로 가게 되었다. 그곳에서 아기 예수님을 낳게 된다. 겉으로는 황제에 의해 예수님이 베들레헴에서 태어나게 되신 것 같다. 그러나 실제로는 하나님께서 그렇게 계획하신 것이다. 예수님이 베들레헴에서 태어나신다는 것은 700 년 전 기록된 미가(5:2) 성경에 나온다. 황제가 아니라 하나님이 세상을 통치하신다. 예수님이 통치하신다. 호적을 하기 위해 요셉이 베들레헴으로 갔다. 당시 로마의 대부분의 호적은 거주하는 곳에서 하였지만 재산이 있는 곳에서 호적하는 경우노 있었다. 아마 요셉과 마리아는 베들레헴에 부동산을 가지고 있었던 것으로 보인다. 이런 호적은 흔한 것이 아니다. 그러나 주님이 나시던 때에 그것이 계획되었다.

마리아와 함께 호적하러 올라가니. 마리아는 왜 함께 갔을까? 약혼한 마리아가 홀로 아기를 낳는 것을 염려한 요셉의 배려였을 수 있다. 그러나 그것보다 미가 말씀을 기억한 마리아의 완고한 고집 때문이 아니었을까? 그렇지 않아도 산달이 되어가며 마리아는 베들레헴을 생각하였을 것이다. 산달이 가까운 여인이 베들레헴에 간다는 것은 말이 안 되는 일이다. 그래서 여러 생각이 들었을 것이다. 그러다 '호적하러 베들레헴에 가야 한다'는 요셉의 말에 귀가 번쩍 뜨였을 것이다.

마리아의 고집에 대해 성경에 기록된 것이 없지만 산달이 되어 배가 불쑥한 여인이 베들레헴에 요셉을 따라 간다는 사실만으로도 그것을 충분히 짐작할 수 있다. 마리아는 메시야 예언의 성취를 위하여 베들레헴에 가고 있었다 판단할 수 있다. 한 여인의 고집과 수고는 메시야 예언의 성취를 위해 그대로 사용되었다. 배가 불룩하여 언제 아기가 나올지 모르는 상태에서 150Km 의 길을 걸어간다는 것이 말이 안 된다. 집안의 사람들이 얼마나 반대하였을까? 길을 갈 때 사람들은 얼마나 이상한 눈으로 보았을까? 어쩌면 요셉도 따가운 눈총을 보냈을 지도 모른다. 마리아 자신도 몸이 매우 힘들었을 것이다. 배가 나온 여인이 겪어야 하는 모든 어려움을 겪으면서 베들레헴 길을 갔을 것이다. 특히 마지막 가장 어려운 코스인 여리고에서 예루살렘까지의 1000m 이상 고도의 차이가 나는 길을 강도의 위험 때문에 해가 있을 동안에 하루에 걸어가야 하는데 하루 종일 빠른 걸음으로 등산하는 것과 같다. 얼마나 숨이 찼을까?

2:7 첫아들을 낳아 강보에 싸서 구유에 뉘었으니. 아기를 낳을 때 얼마나 힘들었을까? 아기는 '구유'에 뉘었다. 구유가 있는 곳은 세 곳 중에 하나다. 사람들이 동물을 두는 집 안의 외양간일 수 있다. 아니면 동굴의 외양간일 수도 있다. 지금 이스라엘의 예수님 탄생 교회는 동굴 위에 지었다. 동굴로 판단한 것이다. 아니면 울타리와 같은 개념으로 하늘이 보이는 곳에 있는 구유일 수도 있다. 첫번째일 가능성이 제일 높다. 세상의 창조주께서 사람이 사는 방도 아니고 동물들이 거주하는 곳에서 나셨고 동물들이 먹이를 먹는 구유에 놓이셨다

2:9 주의 영광이 그들을 두루 비추매. '하나님의 가시적 임재'를 의미한다. 주의 영광의 빛으로 주변은 대 낮처럼 환하게 되었다. 반면 목자들의 얼굴은 무서워 흑색으로 변하였을 것이다.

2:10 온 백성에게 미칠 큰 기쁨의 좋은 소식을 너희에게 전하노라. '큰 기쁨의 소식'은 '메시야의 출생'을 알리는 소식이다. 그들을 구원하기

위한 메시야다. 모든 시대 모든 사람들이 가장 바라고 기다리던 구세주가 이 세상에 오셨다. 가장 기쁜 이 소식을 지금 목자들에게 알리고 있다. 크리스마스는 일반적으로 그리스도께서 나신 날을 말한다. 단어의 직접적인 의미는 '그리스도의 오심을 기념하는 예배'이다. 예수님이 이 세상에 오신 날 첫 크리스마스이며 유일한 크리스마스를 행한 사람이 목자들이다. 하나님께서 왜 목자들에게 그리스도의 오심을 알리셨을까? 예수님이 나신 곳에서 가까운 곳에 있었기 때문일까? 그들이 '비천한 자'였기 때문일 것이다. 그리스도는 세상의 비천한 사람들을 구원하기 위해 오셨다. 세상 모든 사람들이 비천한 자다. 그들을 구원할 구주가 필요하다. 그런데 목자들은 당시에 사회적으로 무시를 넘어 멸시를 받던 직종의 사람이다. 그들에게 그리스도는 더욱더 의미가 있다. 무엇인가 많아서 구원을 절실하게 느끼지 못하는 사람보다 없어서 그들은 조금 더 구원을 절실하게 느끼는 사람이었을 것이다. .

2:11 그리스도 주시니라. 사람들은 로마 황제 아구스도를 '주'라 말하면서 칭송하였다. 그러나 그는 '그리스도'가 아니다. 하나님께서 세상의 구원을 위하여 기름 부으신 사람이 아니라 사람들이 세운 '주'이다. 목자들은 사람들에 의하여 멸시를 받았다. 아구스도도 그들을 멸시하였다. 아구스도는 결코 그들을 구원하지 않는다. 그러나 지금 베들레헴에 태어나신 아기는 '그리스도'이다. 하나님께서 그들을 구원하기 위하여 세운 분으로 '기름 부은 자' 곧 그리스도이다.

2:13-14 수많은 천군이 천사들과 함께 하나님을 찬송하여. 황제가 '주'인 것이 아니라 오늘 나신 아기가 하나님께서 말씀하시는 '구원자'임을 증명하며 그것이 하나님의 놀라운 은총임을 말하듯이 수많은 천군이 찬송하였다. **땅에서는 하나님이 기뻐하신 사람들 중에 평화로다.** 목자와 같이 비천한 직업을 가진 사람들이 가장 먼저 그 소식을 들었다. 복음의 소식은 세상 사람들에게 칭송을 받는 사람에게 전해진 것이 아니다. 믿음으로 하나님을 찾는 자에게 '평화'가 임할 것이다. 세상에서 빛을 보지 못한 사람들이 결코 좌절하지 말아야 한다. 그리스도는 누구에게

든 가장 찬란한 빛으로 임하신다. 땅에서의 지위는 전혀 중요하지 않다. 중요한 것은 믿음으로 하나님께 나감으로 하나님이 기뻐하시는 사람이 되어야 한다.

2:18 듣는 자가 다 놀랍게 여기되. 아기를 낳느라 힘이 다 빠진 마리아와 남편 요셉 그리고 그것을 돕던 몇 명의 사람들이 있었을 것이다. 그들에게 그 날은 그리 이상하지는 않았을 것이다. 모든 출산에 있는 그런 힘듦만 있었을 것이다. 그런데 목자들이 와서 놀라운 소식을 전하였다. 목자의 말을 들으면서 자꾸만 아기를 다시 쳐다보게 되었을 것이다. "이렇게 작고 귀여운 아기가 진정 그렇게 기다리던 메시야란 말인가." 이상한 것은 지금 태어난 아기가 그렇게 중요한 인물로서 메시야라면 왜 하나님은 목자들에게는 그렇게 많은 천사들의 찬양 소리를 듣게 하시고 정작 아기를 낳는 이 외양간에는 천사 한 명도 오지 않고 다른 어떤 특별한 일도 없었을까.

2:19 마리아는 이 모든 말을 마음에 새기어. 목자들이 전한 소식을 흘려서 듣지 않고 마음에 새겼다. 그리고 '생각하니라'(쉼발로) 말한다. 이 단어는 이리저리 생각하는 것을 의미한다. '논쟁하다'의 의미도 있다. 그것이 무엇을 의미하는지 혼자 이리저리 생각하면서 수많은 가능성을 여러가지로 생각하였다는 것을 의미한다. 마리아에게는 고요하고 어두운 밤이었다. 그러나 그곳에 하나님이 계시지 않았을까? 목자들에게 임한 '주의 영광'이 마리아에게는 임하지 않았을까? 분명히 임하였을 것이다. 아기를 낳는 것이 힘들었지만 그것은 소망 없는 힘듦이 아니라 하나님의 영광이 가득한 힘듦이었다. 사람이기에 조금은 마음이 연약해졌을 수도 있다. 그래서 목자를 보내 하나님의 찬란한 영광에 대해 듣게 하셨다. 마리아의 어두운 밤은 어쩌면 하나님의 마음을 가장 잘 반영한다. 모르는 목자에게는 찬란한 영광이 임하여야 그들이 놀라겠지만 마리아는 알고 있다. 그렇다면 찬란한 영광보다는 하나님의 마음을 대변하는 조용하면서도 힘든 밤이 훨씬 더 믿음의 모습이 아닐까? 독생자 아들이 이 땅에 태어나실 때 하나님의 마음은 조용하면서도 어두운 밤과 같았을

것 같다. 그러한 하나님의 마음을 가장 잘 영광하고 있는 밤이었다. 믿음이 있었기에 동참할 수 있는 어두운 밤이다.

2:21 이름을 예수라 하니. 팔 일이 되는 날 할례를 받으셨다. 그때 이름을 지었다. '예수'는 '여호와께서 구원하신다'는 뜻이다. 하나님께서 이 아기를 통해 사람들을 구원하신다는 것을 의미한다. 당시 하나님의 구원을 소망하면서 아기의 이름을 예수로 짓는 경우가 많았다. 구약 시대에는 '예수아' 또는 '여호수아'라는 이름이 많았다. 그것의 헬라식 발음이 '예수'이다. 그런데 마리아의 아기 예수님은 달랐다. 소망이 아니라 실제였다. **천사가 일컬은 바러라.** 천사가 '예수라 이름 지으라' 하였다. 아기는 이 세상을 구원하기 위해 여호와께서 보내신 아기이기 때문이다.

2:22-40 *성전 방문*. 산모의 정결예식을 위해 성전을 방문하였는데 성전에서 시므온과 안나를 만난다.

2:22 정결예식. 아기의 정결예식이 아니라 산모의 정결예식이다(레 12:1-4)

2:25 의롭고 경건하여 이스라엘의 위로를 기다리는 자라. 메시야를 때로는 '위로자'라 불렀다. 그는 메시야(그리스도)의 오심을 간절히 기다리는 사람이었다. 그는 '의롭고 경건한 사람'이라 말한다. 그리스도의 오심의 조연들을 보라. 세례요한의 부모인 사가랴와 엘리사벳도 '의로운 사람'이었다고 말하였다. 요셉도 '의로운 사람'이었고 지금 시므온도 의로운 사람이라 말한다. 모두 의로운 사람이었다. 하나님의 나라는 거룩한 나라이다. 죄가 없는 나라다. 하나님의 나라를 사모하는 사람은 이 땅에서 죄와 싸우고 의로운 삶을 살기 위해 힘을 다하는 사람들이다.

2:33 그에 대한 말들을 놀랍게 여기더라. 아기를 보고 시므온이 찬양과 예언을 하였다. 마리아는 처음 본 시므온이 아기 예수님을 보고 그렇게 말하는 것이 놀라웠을 것이다.

2:36-37 안나라 하는 선지자가 있어...결혼한 후 일곱 해 동안 남편과 함께 살다가 과부가 되고 팔십 사 세가 되었더라. 안나는 히브리식으로는 사무엘의 어머니와 같은 이름인 한나이다. 고대에 나이는 지혜와 연결된다. 그는 현재 나이가 84 세인지 과부가 되고 나서 84 년이 되었는지(105 세. 14+7+84) 정확하지는 않다.

2:37 성전을 떠나지 않고. 여인이 성전에 거주하였다는 기록은 없다. 아마 늘 성전에 나와 기도하였다는 의미일 것이다.

2:38 예루살렘의 속량을 바라는 모든 사람에게 그에 대하여 말하니라. '예루살렘의 속량'은 이스라엘의 구원, 이스라엘의 자유 등을 의미한다. 값을 치르고 사서 구원하는 것이다. 사람들이 죄로 세상의 종이 되었기에 그리스도의 피라는 값을 치르고 사서 하나님 나라의 백성이 되게 하시는 것이다.
그에 대하여 말하니라. 아기(그)에 대하여 계속 말하였다는 뜻이다. 자신이 본 그리스도에 대해 말하면서 사람들에게 하나님 나라를 전하고 복음을 전한 것이다.

2:39 모든 일을 마치고 갈릴리로 돌아가. '모든 일을 마치고'와 '갈릴리로 돌아가' 사이에는 많은 시간적 차이가 있다. 마태복음을 보면 이 일을 마치고 갈릴리로 돌아가기 전에 동방박사가 찾아오고 애굽으로 피신한 이야기가 있다. 피신한 이후에 갈릴리로 돌아갔다. 누가는 그것이 마태복음에 기록된 것을 알기 때문에 기록하지 않고 바로 넘어간 것으로 보인다.

2:41-52 *예수의 유년기.* 예수님의 유년기 시절 가족과 함께 성전을 방문하여 일어난 사건 이야기이다.

2:41 부모가 해마다 유월절이 되면 예루살렘으로 가더니. 이스라엘의 모든 성인 남성은 해마다 절기에 맞추어 3 번 성전에 가야 할 의무가 있었다.

지리적으로 멀리 떨어진 사람은 최소한 한 번이라도 성전 절기 행사에 참여해야 했다. 요셉과 마리아는 유월절마다 성전에 올라갔다고 말한다. 본래 여성은 가야 할 의무가 없었다. 그러나 경건한 여성은 함께 동행하였다. 요셉과 마리아가 말씀을 지키고 순종하는 일에 열심이었다는 것을 볼 수 있다.

2:42 예수께서 열두 살 되었을 때에 올라갔다가. 이스라엘의 남자 아이들은 13 살이 되면 성인이 되며 '계명의 아들'이 되고 회당의 정식 멤버가 된다. 그때부터 모든 율법을 따라야 할 책임을 가지게 된다. 예수님은 12 살 때 성전에 올라갔다고 말씀한다. 예수님의 경우 아마 첫 성전 방문이셨을 것이다. 경건한 가정은 13 살때부터의 의무에 앞서 인턴처럼 일 이 년 일찍 그 의무를 수행하기 시작하기도 하였다.

2:43 그 날들을 마치고. 유월절(무교절)은 8 일에 걸쳐 있었다. 중요한 행사는 앞부분 2 일간 이루어졌다. '그 날들을 마치고'는 아마 무교절 3일째 정도를 의미할 것이다. 제사를 드리면서 먼저 드린 마을 사람들이 주로 여성들과 연약한 사람들 위주로 앞서 출발하고 남성들이 뒤에서 챙겨서 무리를 지어 집으로 돌아갔다. **돌아갈 때에 아이 예수는 예루살렘에 머무셨더라.** 아마 마리아는 앞서 갔고 요셉은 나중에 가면서 서로 아들 예수님이 다른 쪽에 있는 것으로 생각한 것 같다.

2:46 그가 선생들 중에 앉으사 그들에게 듣기도 하시며 묻기도 하시니. 이것은 전형적인 배우는 학생의 모습이다. 아마 성전 내에 특별한 특강이 있었던 것 같다. 유월절에 대한 특강이었을까? 예수님은 특강에 참여하여 열심히 듣고 묻기도 하면서 배우고 계셨다.

2:49 내가 내 아버지 집에 있어야 될 줄을 알지 못하셨나이까. 조금 의아한 반응이다. 그러나 이것은 예수님께 너무 당연한 말이었다. 이 의미는 첫째, 내가 성전에 있는 것이 당연한데 왜 다른 곳을 찾고 다니셨습니까? 둘째, 내가 나의 아버지 하나님의 집에 있는 것이 어떤 것보다 더

중요하다는 것을 모르십니까? 이다. 아마 두 번째 의미가 더 클 것이다. 앞 본문을 다시 생각해 보면 시므온은 예수님이 40 일 되었을 때에 마리아에게 '칼이 네 마음을 찌르듯 하리니'라고 예언하였다. 어쩌면 이런 상황을 두고 하는 말일 것이다. 예수님은 마리아와의 관계보다 하나님과의 관계가 더 본질적인 관계다. 어쩌면 마리아는 지금부터 예수님과 헤어질 마음의 준비를 해야 할 것이다. 예수님은 마리아의 아들이 아니라 세상을 구원하는 구원자로 오셨기 때문이다.

2:51 어머니는 이 모든 말을 마음에 두니라. 마리아는 예수님에 대한 말을 들었을 때, 또한 예수님의 말씀을 들었을 때 그것을 마음에 두었다. 흘려서 보내지 않았다. 하나님께서 천사를 통해 그에게 전해준 그리스도에 대한 것을 알고 있었기 때문이다. 마리아는 부족하지만 예수님이 그리스도이심에 대한 지식을 차곡차곡 쌓아가고 있었다.

2:52 지혜와 키가 자라갔다. 하나님의 아들이 사람으로 오셔서 모든 과정을 고스란히 거쳐 가시는 것을 볼 수 있다. 키가 처음부터 크지 않았고 지혜도 비움일까? 지혜도 자라 갔다. 성전에서 열정적으로 강의를 들었던 예수님은 이후에도 열정적으로 배움의 시간들을 가지신 것으로 보인다.
하나님과 사람에게 더욱 사랑스러워 가시더라. 이 기간에 아버지 요셉이 생을 마쳤을 것이다. 경제적으로 어려움이 생겼을 것이다. 그러나 그럼에도 불구하고 예수님은 하나님과 사람에게 더욱 사랑스러운 모습이셨다. 주변 환경은 좋지 않았다. 당시 갈릴리 지역은 무식한 지역으로 여김을 받았다. 아버지는 일찍 세상을 떠났다. 여러 어려움이 있었을 것이다. 그러나 그럼에도 불구하고 예수님은 하나님과 사람에게 사랑스러운 아름다운 삶을 사셨다.

3 장

3:1-20 *세례요한의 사역.* 세례요한이 회개를 촉구한다. 그 시대는 정치와 종교적으로 매우 타락한 시대였다. 회개촉구를 통해 예수님의 사역을 준비한다.

3:1 디베료 황제가 통치한 지 열다섯 해. 예수님이 태어나실 때 아구스도가 황제였다. 디베료는 아구스도의 양아들로 그를 이어 로마제국의 황제가 되었다. 디베료 황제 통치 열다섯 해는 예수님의 나이에 대한 최소한의 정보를 알려준다. 그의 아구스도와 공동 통치까지 생각하면 그때가 주후 26 년이다. 그렇다면 헤롯 대왕의 사망 시점인 주전 4년을 고려할 때 예수님은 최소한 30살에 공생애를 시작하신 것이 된다. **빌라도가 유대의 총독으로.** 빌라도는 헤롯 아켈라오의 실정으로 인하여 그가 통치하던 곳을 로마의 직할지역으로 하여 유대와 사마리아 지역에 총독(총독 기간 AD 26-36)으로 와 있었다. 예수님이 예루살렘에 자주 가셨을 때 예루살렘은 빌라도의 관할 지역이기 때문에 빌라도와 계속 연결된다. 빌라도는 당시 매우 악한 행정장관(총독)이었다. 의도적으로 유대인의 종교를 무시하였다. **헤롯(통치 기간 4 BC-AD 39)이 갈릴리의 분봉왕으로.** 헤롯대왕이 죽고 그의 나라를 분할하여 네 명에게 나누어 주었기 때문에 그를 분봉왕이라 말한다. 그는 예수님이 사신 갈릴리 소국의 왕(군주)이다. 그는 티베리아스(당시 로마 황제의 이름으로 지음)에 신도시를 건설하고 그곳에서 통치하였다. 그는 아버지를 닮아 건설에는 능숙하였지만 탐욕이 강하였고 매우 방탕한 왕으로 알려져 있다. 예수님의 갈릴리 사역에서 티베리아스(디베랴) 지명은 한 번도 안 나온다. 그곳은 예수님의 관심사에서 벗어나 있었다. 이 지역은 500 년-1000 년 이후에 맛소라 사본의 본 고장이 되면서 중요한 역할을 한다.

3:2 안나스와 가야바가 대제사장으로 있을 때. 안나스는 AD 6-15 년 동안 대제사장이었기에 전직 대제사장이고 가야바는 AD 18-36 대제사장으로 있었기에 현직 대제사장이다. 대제사장은 유대의 관할자인 총독의 입맛에 따라 임명되었다. 안나스는 가야바의 장인이다. 예수님을 죽이는 결정을 할 때도 안나스가 주도적 역할을 한다. 이들은 돈으로 대제사장 권력을 샀다. 그들은 이스라엘 백성들에게도 비난의 대상이 되었다.

3:3 죄사함을 받게 하는 회개의 세례를 전파하니. 타락한 시대에 죄에 뒤엉켜 있으면 안 된다. 세례요한은 죄 가운데서 일어나야 함을 말하였다. '회개'의 필요성을 강력하게 말하였다. 회개는 마음의 근본적인 변화이다. 세상 나라에 마음을 두고 있는 것에서 하나님 나라에 마음을 두는 것으로의 근본적인 변화다.

3:4 주의 길을 준비하라. 죄 가운데 있는 사람들을 구원하기 위하여 '주'께서 오실 것이다. 주께서 오실 것이기에 길을 준비해야 한다. 당시 왕이 올 때 길을 잘 닦아서 준비하듯이 만주의 주께서 오실 것이니 길을 닦아야 한다고 말한다.

3:5 골짜기가 메워지고 산과 작은 산이 낮아지고. 산을 깎아 골짜기를 메워 길이 평탄 해져 대로가 되어 주님이 잘 오실 수 있도록 마음의 대로를 놓아야 한다. 그것이 곧 회개다. 회개하지 않는 이들에게는 주님이 오시지 않을 것이다. 마음이 준비되지 않으면 오셔도 알지 못할 것이요 관심도 없을 것이다. 관심이 없으면 결코 알 수 없다. 그들의 거짓되고 죄악된 삶에 대해 본질을 깨닫고 그것에서 벗어나고자 하는 마음 중심의 변화가 필요하다.

3:6 모든 육체가 하나님의 구원하심을 보리라. 이방인이든 유대인이든 상관없이 하나님의 구원을 얻게 될 것이다. 그러나 회개하지 않으면 세상의 죄와 함께 영원토록 멸망하게 될 것이다.

3:7 누가 너희에게 일러 장차 올 진노를 피하라 하더냐. 그에게 오는 사람들이 진정한 회개가 아니라 겉모습만 회개하는 모습을 보였기 때문인 것으로 보인다. 당시 이스라엘에서 세례는 이방인 개종자에게는 필수였다. 개종자에게는 철저한 세례가 요청되었다. 그러나 유대인은 죄에 대해 회개할 때 세례를 받지 않았다. 제사를 드린다. 경건한 이들은 정결례로 물에 담갔다. 그런데 세례요한은 유대인들에게 회개의 세례를 주면서 믿음에 있어 근본적이고 철저한 변화가 필요함을 역설하였다. 개종자와 같은 수준의 회개를 요청한 것이다.

3:8 회개에 합당한 열매를 맺고. 회개는 마음의 근본적인 변화다. 마음이 변하면 행동도 변하게 되어 있다. 만약 행동이 변하지 않으면 마음도 변하지 않은 것이다.

아브라함이 우리 조상이라 말하지 말라. 유대인들은 행함에 있어 아브라함을 많이 의지하였다. 유대인들이 자신들은 행함이 없어도 아브라함이 하나님 앞에 의로운 사람이었기 때문에 아브라함을 보아서 자신들을 용서하실 것이라 생각하는 경향이 많았다. 세례요한은 행함은 누구의 행함을 의지하는 것이 아니라 자기 자신이 행해야 한다고 말하고 있다. 아브라함의 행함을 의지하는 유대인들의 이야기는 오늘날 예수님의 행함을 의지하는 기독교인들에게도 그대로 적용될 수 있다. 그리스도의 행함을 의지한다 말하고 자신은 회개에 합당한 열매를 맺지 않는다면 그 사람도 세례요한의 독설을 피하시 못할 것이나. 우리는 당연히 오직 그리스도의 행함을 통해 구원을 얻는다. 그러나 회개에 합당한 열매가 없다면 그 사람은 그리스도의 대속을 믿지 않는 것이며 죄사함도 없을 것이다.

3:11 옷 두 벌 있는 자는 옷 없는 자에게 나눠 줄 것이요. 세례요한의 회개 방법은 매우 간단하고 실천적이다. 우리가 가진 것을 이웃과 함께 나누는 것이다. 꼭 옷이나 먹을 것만 말하는 것이 아니다.

3:13 부과된 것 외에는 거두지 말라. 세리에게는 말씀에 따라 정직하게 세금을 거둘 것을 말하며 군인에게는 군인에게 맞는 회개 방법을 제시한다. 세례요한이 말하는 회개는 매우 실제적이고 실천적이다. 하나님을 자신의 왕으로 모신 사람은 자신이 있는 자리에서 바뀌어야 할 것들이 많다. 그것을 바꾸는 것이다. 중요한 것은 '열매'다. 바뀌는 것이다. 세상에서 세상 나라 백성으로 살 때와 하나님을 왕으로 하여 하나님 나라 백성으로 살 때가 똑같다면 분명 하나님 나라를 모르는 사람이다.

3:16 나는 그의 신발끈을 풀기도 감당하지 못하겠노라. 이 당시 랍비들은 제자들에게 돈을 받지 않았다. 제자들은 선생을 위해 몸으로 봉사를 하면서 배웠다. 그러나 제자들이 하지 않은 것이 있다. 신발끈을 푸는 일이다. 그것은 너무 비천한 일이어서 비록 제자라도 하지 않았다. 오직 종이 하는 일이었다. 세례요한이 이 말을 한 것은 자신은 그리스도가 아니며, 그리스도의 제자도 아니며, 심지어는 그리스도의 종도 될 자격이 없다고 말하는 것이다.

그는 성령과 불로 너희에게 세례를 베푸실 것이요. 세례요한의 물 세례는 강력한 변화를 수반해야 한다. 그런데 예수님의 세례는 더욱더 강력한 것을 수반할 것이다. '성령'세례는 근본적인 변화를 넘어 더욱더 강력한 삶을 살게 하는 원동력이 될 것이다. '불'은 흔히 생각하는 '뜨거움'을 의미하기 보다는 '신적 심판'을 의미한다. 어떤 사람은 '시험'을 의미한다고 말하기도 한다.

3:17 쭉정이는 꺼지지 않는 불에 태우시리라. 이 구절은 앞에서 말한 예수님의 불 세례가 무엇인지를 더 설명하는 것이다. 알곡과 쭉정이를 나누는 불이다. 그러기에 그리스도의 세례는 더욱더 철저한 회개가 동반되어야 한다.

3:21-4:13 예수의 사역 시작. 예수님의 세례와 계보와 시험에 대해 말하며 예수님의 사역 시작전의 준비에 대한 이야기이다.

3:21 예수도 세례를 받으시고. 이 작은 구절은 놀라운 일의 시작을 알린다. 예수님이 이 땅에 성육신 하심으로 하나님 나라는 시작되었다. 복음이 시작되었다. 그러나 세례를 받으시기 전에는 공식적인 시작이 아니라 준비였고 기다림이었다. 세례요한의 세례는 죄에 대한 회개였다. 하나님 나라를 준비하기 위해 근본적인 회개가 필요하였다. 예수님은 사람들이 받던 회개와 조금 성격이 달랐다. 예수님은 죄가 없으시기에 죄의 씻음이라는 의미보다 하나님 나라의 공식적인 시작을 알리는 세례였다. 위임식과 같은 것이다.

3:22 성령이 비둘기 같은 형태로 그의 위에 강림하시더니. 성령이 임하시는데 특별히 상징적으로 비둘기와 같은 형체가 사용되었다. 이것은 창 1:2를 연상시킨다. 창세기에서는 이 구절에서 비둘기라 말하지 않지만 후대 랍비 문학에서는 비둘기로 지칭하기도 한다. 성령을 비둘기와 함께 상징적으로 말씀하시는 것을 통해 예수님을 통해 세상을 제 2 창조하는 것과 같은 위대한 일의 시작을 알리는 것이다. 예수님의 하나님 나라를 위한 선포와 사역은 제 2 창조라 하여도 전혀 부족함이 없을 정도로 중요하다. 하나님의 백성을 다시 부르시는 것이기 때문이다. 새하늘과 새땅을 위한 사역이기 때문이다. 사람을 창조하심으로 하나님을 예배하게 하셨는데 타락함으로 어긋난 것을 다시 제 2 의 창조를 통해 회복시키시는 것이다. 복음서는 창조를 연상하게 하는 단어를 많이 사용한다.

3:23 가르치심을 시작하실 때. 족보가 거슬러 올라가는데 시점은 '예수님의 세례'이다. 이것이 중요하다. 예수님의 세례는 새로운 창조의 시작이 되기 때문이다. **시작하실 때에 삼십 세쯤 되시니라.** 이 구절은 30 세로 보아도 되고 30 조금 이상으로 보아도 무방하다. 여러 역사 자료를 볼 때 30 세로 보는 것이 가장 무방하다 생각된다. 30 세 조금 이상 이어도 성경의 증거와 상충되지는 않는다. 요셉은 30 의 나이에

애굽 왕 앞에 섰으며 다윗은 30 세에 왕위에 올랐다. 30 은 성숙한 나이이며 일하기 좋은 나이이다.

3:31 그 위는 다윗이요. 예수님은 '다윗의 후손'이다. 다윗의 후손으로서 언약의 성취를 이루신다.

3:38 그 위는 아담이요. '아담의 후손'까지 말한다. 마태복음 계보에서 예수님이 아브라함과 다윗 언약의 후손이 되는 것을 강조하였다면 누가복음 계보에서는 예수님께서 온 인류의 구원자 되심을 강조한다. 하나님께서 아담을 창조하셨듯이 이제 예수님의 세례를 기점으로 그 백성을 부르실 것이다. 제 2 창조와 같은 크고 위대한 일이 일어날 것이다. 뒷부분에서는 예수님의 시험에 대해 나온다. 아담이 실패한 시험을 예수님이 승리하시면서 제 2 창조가 시작된다.

4 장

4:2 마귀에게 시험을 받으시더라. 첫 아담이 시험에 실패하였다. 마지막 아담(고전 15:45)이신 예수님께서 시험을 받으시고 승리하심으로 새로 시작하셨다. 새 인류를 부르신다.
이 모든 날에 아무 것도 잡수시지 아니하시니. 아담은 죄가 없었다. 모든 것이 넉넉하였다. 그런데 사탄의 시험을 극복하지 못하고 시험에 넘어졌다. 예수님은 동정녀에게서 나심으로 죄가 없으셨다. 그런데 음식을 드시지 않으심으로 매우 열악한 상황이었다. 어쩌면 시험을 당하시기 위해 금식하신 것 같다. 예수님은 아담보다 훨씬 더 열악한 상황에서 시험당하셨다.

4:3 이 돌들에게 명하여 떡이 되게 하라. 금식하신 예수님께는 이것이 시험이 될 것이다. 그러나 이것은 그렇게 하고 싶은 마음이기 보다는 먹을 것을 먹지 못함으로 겪는 고통일 것이다.

이것은 물질에 대한 시험이기도 하다. 사람은 본래 물질이 넉넉하도록 창조되었다. 아담은 그럼에도 불구하고 선악과를 먹었다. 사람은 본래 넉넉하게 창조되었기에 넉넉함에 대한 동경이 있다. 오늘날 사람들은 모두 물질이 조금 더 있었으면 하는 마음을 가지고 있다. 그러나 예수님보다 더 못 먹고 있는 사람이 있을까? 요즘은 먹고 사는 문제가 아니라 조금 더 좋은 자동차인지 나쁜 자동차인지의 차이일 때가 많다. 물질은 이미 우리 나라의 경우 대부분 예수님보다도 훨씬 더 잘 먹고 있다. 때때로 물질이 시험이 되는 것이 주님 보시기에 부끄럽다.

4:4 기록된 바. 예수님은 세 번의 시험에 한결같이 '기록된 바'라고 대답하셨다. 예수님은 하나님의 말씀을 따르셨다. 하나님을 따르기 위해 하나님의 말씀을 따르셨다. 사탄은 예수님께 필요한 것으로 시험하였다. 그러나 예수님은 사탄의 말에 순종하지 않으셨다. 오직 하나님께 순종하셨다.

오늘날 우리가 시험을 이긴다는 것은 무엇인가? 사람들이 흔히 생각하기를 '멋있게 되는 것'을 생각한다. 그렇다면 사탄이 '돌을 떡으로 만들라'고 할 때 예수님께서 돌을 빵으로 만들어 먹으시는 것이 시험을 이기는 것일 것이다. 그러나 그렇게 멋있게 하지 않으시고 묵묵히 배고픈 배를 움켜잡으셨다. 그것이 시험을 이기신 모습이다.

시험을 이긴다는 것은 멋있는 것이 아니다. 상황이 해결되는 것이 아니다. 시험을 이긴다는 것은 그 상황에서 하나님께서 기뻐하시는 것을 선택하는 것이다. 아무리 힘들고 어려워도 하나님께서 기뻐하시는 것을 선택하는 것이다. 그러면 상황이 바뀌지 않아도 시험을 이긴 것이다. 예수님이 배가 고프지 않게 되신 것이 아니다. 무엇을 하신 것이 아니다. 아무것도 하지 않으셨다.

4:6 모든 권위와 영광을 네게 주리라. 높은 산에서 세상을 내려 다 보면서 사탄이 제안하고 있다. 나는 이 구절이 이전에는 이해가 되지 않았다. 사탄이 뭔 데 예수님께 이런 것을 준다고 하는 것일까, 예수님께는 이것이 어떻게 시험이 되는 것일까? 지금 이 세상은 죄로 인하여 사탄에게 제한적으로 주어진 제한적인 권세가 있다. 그 권세에 대한 이야기다. 오늘날 사람들은 권력에 대한 탐욕을 가지고 있다. 예수님은 사탄의 이러한 제안에 자신이 지고 가셔야 할 십자가를 보셨을 것이다. 그래서 이것이 권력에 대한 욕심이 아니라 십자가의 고통을 짊어지셔야 하는 면에서 시험이 되셨을 것이다.

4:9 성전 꼭대기에 세우고. 성전건물의 꼭대기이거나 성전 뜰의 동남쪽 모서리일 것이다. 사람들에게 잘 보이는 이곳에서 떨어지면 하나님께서 받아주심으로 사람들이 예수님을 바로 메시야로 알아볼 것이다. 이것은 명예에 대한 시험이라 할 수 있다.

예수님의 시험의 내용을 보면 아담이 당한 선악과 시험의 확장판이다. 선악과 안에는 물질과 권력과 명예에 대한 것이 녹아져 있다. 오늘날 세상을 사는 사람들의 모든 시험이 여기에 녹아져 있기도 하다. 결국은 돈과 권력과 명예에 대한 탐욕이다.

아담은 본래 창조의 자리를 넘어 더 원하였고 오늘날 사람들은 그것이 없기 때문에 더 원하는 것이 정상이다. 그러나 중요한 것은 그러한 것을 '하나님 안에서' 원하여야 한다는 것이다. 하나님께서 주신 자리로서 돈과 권력과 명예이어야 한다. 하나님이 주시는 것이 아니라 사탄이 주거나 자신이 쟁취하는 것은 풍성할 수도 없고 바른 방법도 아니다.

4:10 기록되었으되 하나님이 너를 지키게 하시리라. 사탄이 말씀(시편 91:11-12)을 인용하고 있다. 참으로 우스운 일이다. 그는 하나님 말씀을 지키기 위해 인용하는 것이 아니다. 어기기 위해 인용하는 것이다. 자기를 위해 인용하는 것이다. 사탄의 말에 예수님은 말씀을 정확히 해석하여 '기록되었으되'로 대답하신다. 시험을 이기기

위해서는 조금 더 객관적이어야 한다. 자신의 생각으로 말씀을 해석하는 것이 아니라 오직 말씀이 자신을 정확하게 해석하게 해야 한다.

4:13 시험을 다 한 후에 얼마 동안 떠나니 얼마 동안이다. 마귀는 이후에도 계속 시험한다. 그러나 예수님은 시험을 이기고 시작하셨다. 이후에도 이기신다.

4:14-9:50 *갈릴리 사역.* 예수님의 갈릴리 사역을 다룬다.

4:14-44 *회당에서의 가르치심.* 나사렛과 가버나움 회당에서의 가르치심에 대한 이야기이다.

4:16 안식일에 성경을 읽으려고 서시매. 예수님께서 가버나움과 예루살렘에서 행하신 일을 사람들이 많이 알게 된 것으로 보인다. 이 당시 유명한 랍비나 설교자가 오면 회당에서 초청하여 설교를 시키곤 하였다. 예수님은 사전에 회당에서 초청을 받으신 것으로 보인다.

4:18 이사야 61:1 를 인용한 것이다. 예수님은 이사야 두루마리를 건내 받으셔서 읽으시고 앉으셔서 설교하셨다. **주의 성령이 내게 임하셨으니.** 주의 성령이 임함으로 새로운 시대가 시작되었음을 말한다. **가난한 자에게 복음을 전하게 하시려고 내게 기름을 부으시고 포로된 자에게 자유를 눈 먼 자에게 다시 보게 함을 전파하며.** 이것은 50 년마다 돌아오는 희년을 암시한다. 예수님은 희년 그 이상의 시대를 열고 계신다.
기록된 것을 통해 볼 때는 아마 이것이 회당에서의 첫 설교일 것이다. 예수님은 새시대가 시작되었음을 말씀으로 가르치셨다. 이것은 모든 사람들이 바라던 것이기도 하다. 세상의 질서에 억눌린 사람들이 있다. 그것은 또한 죄악에 억눌린 것이다. 모든 억눌림은 죄악 때문이다. 그 죄악에서 건지시기 위해 예수님께서 오셨다.

4:19 주의 은혜의 해. '은혜의 해'는 '환영의 해'라고 번역해도 좋다. '은혜'로 번역된 단어는 우리가 흔히 아는 '은혜(카리스)'가 아니라

'받아들임(덱토스)'이다. 예수님께서 오심으로 하나님께서 세상을 받아들이시는 것이다. 이전에는 죄악으로 하나님께 가까이 갈 수 없었으나 예수님이 오셔서 그들의 죄악을 대신 짊어지심으로 대속하신다. 하나님께서 사람들을 받아들이시는 것이다.

사람들은 주님이 오시기 전 죄악으로 하나님을 떠났고 죄악으로 세상에서 짓눌려 있었다. 그들을 죄악의 멸망에서 구원하고 하나님의 품으로 받아들이기 위해 예수님이 오셨다. 예수님의 첫 설교는 예수님의 사역 전체를 조망하고 있다.

4:21 오늘 너희 귀에 응하였느니라. 새시대에 대한 말씀이 이루어졌다는 말이다.

4:22 사람이 요셉의 아들이 아니냐. 어떻게 요셉의 아들이 그런 일을 한다는 것이냐고 생각하였다. 심령이 가난한 자는 10 가지 말 중에 1 가지만 맞아도 그것을 자세히 생각한다. 그러나 심령이 강퍅한 사람은 10 가지 중에 1 가지만 이상하여도 반대한다. 그들이 반대한 것은 이유가 되지 않는다. 합리적 이유가 아니라 감성적 이유로 예수님의 설교를 배척하였다.

4:24 선지자가 고향에서는 환영을 받는 자가 없느니라. '환영'은 19 절의 '은혜'와 같은 단어이다. 하나님은 그리스도를 보내셔서 사람들을 받아들이기를 원하셨다. '고향에서 환영을 받는 자가 없다'는 것은 작게는 예수님의 고향을 의미하지만 조금 더 크게는 이스라엘이요 더 크게는 인류를 다 포함한다. 예수님은 나사렛에서 배척 받으셨고 또한 이스라엘에서 배척 받으셨다. 오늘날에도 사람들이 배척하고 있다.

4:25 엘리야 시대에 하늘이 삼 년 육 개월간 흉년이 들었을 때. 이스라엘의 배척의 역사이다. 흉년이 들자 사람들은 엘리야 때문에 흉년이 들었다고 엘리야를 심하게 배척하였다. 엘리야는 멀리 시돈 땅에 가서 도움을 받았다.

4:27 엘리사 때 이스라엘의 나병환자는 누구도 깨끗함을 얻으려 엘리사에게 오지 않았다. 오직 수리아 사람 나아만 만 나와 치료를 받았다. 때로는 복음을 가까이 있는 사람들이 더 배척한다. 오늘날에도 그러하다. 교회 가까이에 있는 사람들이 더 배척하기도 한다.

4:30 가운데로. 방금 전까지 예수님을 죽이려고 끌고 갔는데 어느 순간 그들이 잡고 있던 손은 스르르 풀리고 예수님은 분노하고 있는 사람들 사이를 유유히 걸어 빠져나가셨다. 대체 어떤 일이 일어난 것일까? 그것을 보고 있는 사람들도 잘 몰랐을 것이다. 분명한 것은 예수님은 전혀 위기감 없이 그들 '가운데로'가셨다는 것이다. 순간 그들이 모두 멈추었을까? 예수님의 엄숙함에 놀라 누구도 감히 어떤 행동을 하지 못한 것일까, 아니면 외적인 힘에 의해 그들이 움직이지 못한 것일까?

4:31 가버나움 동네에서 가르시시매. 무엇을 가르치셨을까? 하나님 나라이다. 예수님께서 사람들을 가르치셨다. 사람들이 알아야 했기 때문이다. 사람들이 자신들의 존재에 대해 세상에 대해 그리고 그들에게 다가온 영광의 하나님 나라에 대해 알아야 했기 때문이다.

4:33 귀신 들린 사람. 예수님이 회당에서 가르치실 때 '더러운 귀신 들린 사람이 소리 질러' 말하였다. '더러운 귀신'은 '더러운 악령'이라 번역하는 것이 좋다. '죽은 사람의 넋'이라는 의미를 가진 '귀신'으로 번역한 것은 성경번역에서 가장 잘못된 번역 중 하나이다. 영어 성경 번역에서 고스트(ghost)로 번역한 경우가 거의 없다. 대부분 악령(Demon)이라고 번역한다. 이 세상에 귀신은 없다. 사람이 죽으면 '그 사람의 넋'은 더 이상 이 세상에 존재하지 않으며 어떤 영향도 끼칠 수 없다. 바로 하나님 앞에 가서 심판을 받는다. 죽은 사람의 넋이 세상에 남아 있다고 말하는 것에 속지 말아야 한다.
분명한 것은 영적인 존재가 있다는 것이다. 세상의 물질적인 것으로 설명이 되지 않는 존재이다. 영적인 존재 중에 사람을 짓누르고 있는 것이 있다. 우리는 그것을 악령이라 부른다. 타락한 천사다. 더러운 악령은 아주 다양한 방법으로 사람들을 짓누르고 있다. 오늘 본문에서는 정신적인 것만 아니라 육체적인 병도 때로는 악령이 영향을 미치고 있음을 말한다.

4:34 꾸짖어 잠잠하고 그 사람에게서 나오라. 예수님께서 마술을 부리신 것이나 특별한 주문을 외우신 것이 아니다. 단지 '나오라' 하셨다. 하나님 나라의 왕의 권위로 '나오라' 명하셨다.

악한 영이 예수님께 맞서 저항하는 것은 전혀 나오지 않는다. 악령은 하나님 나라의 대적자가 되지 못하기 때문이다. 선과 악이 싸우는 것은 하나님과 사탄이 싸우는 것이 아니라 사람 마음 안에서만 선과 악이 싸우는 것이다. 사람이 이전에는 악에 져서 악의 세력에 짓눌려 있었다. 그러나 하나님 나라의 주인으로 오신 예수님 때문에 이제는 악에 맞서 이길 수 있게 되었다. 하나님 나라에서는 악령이 전혀 힘을 쓰지 못한다. 우리가 믿음으로 나가면 악령과 싸울 필요도 없다. 단지 명령하면 된다.

4:38 시몬의 집. 예수님께서 회당에서 나와 시몬의 집에 들어가셨다. 지금 가버나움에 가면 회당 앞에 베드로의 집으로 발굴해 놓은 곳이 있다. 이스라엘의 많은 기념 교회당이 세워진 그 위치는 거의 대부분 확실하지 않다. 그런데 많은 학자들은 베드로의 집에 대해서는 역사적 위치일 것이라 확신한다. 그 옛날의 집이 지금까지 그렇게 보존되고 알려지게 된 것은 믿을 수 없는 기적이라고 말한다.

4:39 꾸짖으신대 병이 떠나고. 장모님이 잠시 방문한 것인지 아니면 그 집에 같이 살고 있었는지는 분명하지 않지만 그녀가 '열 병'에 걸렸다. 이 어찌 꾸짖음으로 떠나갔을까? 마치 살아 있는 것처럼 말한다. 그것은 예수님이 모든 것의 주인이시기 때문이다. 사실 모든 병은 죄로 인하여 생긴 것이다. 완성된 천국에는 없다. 하나님 나라에 어울리지 않다. 하나님 나라의 왕이신 예수님께서 병을 꾸짖어 떠나가게 하심은

당연하다. 예수님은 하나님 나라의 주인이시니 예수님과 함께 하는 사람들이 하나님 나라의 맛을 보고 있는 것이다.

4:40 해 질 무렵에. 왜 '해 질 무렵에' 사람들이 몰려왔을까? 앞에서 사건이 일어난 날은 안식일이다. 예수님이 안식일에 회당에서 가르치시고 그 앞에 있는 시몬의 집에서 장모의 병을 고쳐주셨다. 그 순간 사람들이 무엇을 생각하였을까? 그들이 알고 있는 여러 환자들을 생각하였을 것이다. 사랑하는 아들이 오랫동안 일어나지 못하고 시름시름 앓고 있고, 피부병에 걸려 밖에 나가지 못하는 어머니를 모시고 있는 사람도 있을 것이다. 병원이 제대로 없던 당시에 얼마나 많은 아픔과 고통을 안고 살아가고 있었을까? 병을 치료하는 의사는 없고 마술사 같은 엉터리들만 있었다. 시몬의 장모가 앓고 있던 병에 대해서도 당시 마술치료법이 전해지는데 지금 보면 참 말도 안 되는 엉터리다.

문제는 안식일이었다. 안식일에는 걸어갈 수 있는 거리가 제한되어 있었다. 그들은 기쁜 소식을 가지고 집에 돌아갔을 것이다. 그리고 다시 시몬의 집에 오기에는 안식일 갈 수 있는 거리를 넘기 때문에 기다렸던 것이다. 해가 넘어가서 안식일이 지났다. 해가 넘어가도 여명이 있다. 그 여명의 시간에 사람들이 몰려든 것이다. 순식간에 몰려든 사람들은 시몬의 집 앞에 긴 줄을 섰을 것이다.

4:42 날이 밝으매 예수께서 나오사 한적한 곳에 가시니. 사람들은 병이 고쳐져 예수님을 더욱 찾았다. 사람들은 흥분하였을 것입니다. '대체 무슨 일이 일어나고 있는가'라고 생각하였을 것이다. 다음 날에는 어쩌면 더 많은 사람들이 몰려들 것이다. 그런데 예수님은 그들과 생각이 다르셨다. 그들은 흥분을 가라앉히는 것이 필요하였다. 예수님처럼 한적한 곳에 가는 것이 필요하다.

4:43 다른 동네들에서도 하나님의 나라 복음을 전하여야 하리니. 그들이 흥분하고 있는 내용인 고침은 하나님 나라의 본질이 아니라 부분이다. 부분이 아닌 전체로서 '하나님 나라 복음'을 전하신다고 말씀하신다.

오늘날 사람들은 천국이라는 단어에는 익숙한데 하나님 나라에는 익숙하지 않다. 하나님 나라가 기본적인 단어이고 '하나님'을 경외하는 마음으로 '천국'이라고 부르기도 한 것이다. 그런데도 사람들은 천국을 '하늘에 있는 나라'로 생각하며 여전히 하나님 나라에 대해 많이 무지하다.

하나님 나라 복음을 알아야 한다. 예수님이 가르치셨던 하나님 나라, 역사 속에서 도도히 진행되고 지금 우리 앞에 놓여 있는 하나님 나라, 곧 이 땅에 이루어질 영원한 하나님 나라 복음을 알아들을 수 있어야 한다.

5 장

5:1-6:16 *새로운 공동체를 부르심.* 첫 제자를 부르시고 마지막 12 제자가 완성되는 과정으로 새로운 공동체 구성을 다룬다.

5:1 오늘 본문의 '베드로를 부름'은 바로 앞의 '가버나움 회당 이야기'보다 앞서 일어난 사건이다. 앞 부분의 가버나움에서의 하루에 대한 이야기는 나사렛에서의 배척과 대조되며 회당 이야기의 구성이다. 이제 제자들의 부름 이야기를 하기 위해 시간적 순서를 조금 바꾸었다.

무리가 몰려와서. 많은 사람들이 예수님을 보면 몰려가서 말씀을 들었다. 그런데 여기 무리에 베드로가 포함되어 있지 않다. 배에서 일하고 있는 베드로를 주님이 보셨다.

이때 예수님과 베드로의 관계는 어떤 관계일까? 이미 예수님은 베드로와 깊은 관계였다. 시몬이라는 이름을 가진 그에게 베드로라 새로운 이름을 주셨다. 예루살렘의 성전 청결 사건 때 함께 했을 가능성이 있다. 가나 혼인 잔치 기적에서는 함께 했던 것으로 보인다. 사마리아 여인을 만날 때도 함께 했던 것 같다. 그리고 아마 예수님이 또 한 번 예루살렘을 방문하고 오신 직후의 시간이 오늘 본문이다.

아직 예수님의 사역 초창기이지만 이미 많은 일들이 있었다. 그런데 무슨 이유인지 베드로는 예수님과 떨어져 있었다. 아직 제자들이 전적으로 예수님을 따라다니지는 않은 것으로 보인다. 그리고 이제 때가 된 것 같다.

5:4 말씀을 마치시고. 예수님은 베드로의 배를 단상으로 삼아 사람들을 가르치셨다. 말씀을 마치신 후 이제 베드로에게 실제적으로 무엇인가를 가르치기를 원하셨다. 베드로에게 바다 안쪽으로 배를 운전해 가라 말씀하셨다. 그리고 한 지점에 이르렀을 때 고기를 잡기 위해 그물을 내리라 하셨다.

5:5 말씀에 의지하여. 베드로는 밤새 고기를 잡기 위해 노력하였지만 허탕이었다. 이번에도 허탕일 것 같았다. 그러나 예수님이 말씀하시니 순종하는 마음으로 그물을 내리겠다고 대답하였다.

5:7 두 배에 채우매. 동업자인 야고보와 요한의 배까지 와서 그물에 잡힌 물고기를 열심히 들어올렸다. 건져 올려지는 많은 고기를 보면서 좋아하던 그때 베드로의 마음에 무엇인가 강력히 다기왔디.

5:8 나는 죄인이로소이다. 베드로는 많은 고기를 잡고 좋아서 예수님께 같이 동업하자고 말하지 않았다. 그 고기를 빨리 팔아야 하기 때문에 갔다 와서 이야기하자고 하지도 않았다. 예수님 앞에 엎드렸다. 물고기가 아니라 예수님과 자신을 보게 된 것이다.

베드로는 지금까지 이미 많은 것을 보았다. 그리고 예수님이 대단하다 생각했을 것이다. 그런데 지금 예수님과 떨어져 일하고 있었다. 그에게 아직 영광의 순간이 오지 않았던 것이다. 그러나 자신의 배에서 자신의 물고기를 잡는 것을 통해 예수님을 그리스도로 깨닫는 순간을 잡은 것이다.

제자가 된다는 것이 참 어렵다는 것을 본다. 많은 시간들이 쌓이고 쌓여 영광의 순간을 만든다. 베드로가 진정 제자가 되기 위해 앞으로도 여러 번 더 영광의 순간을 만나야 할 것이다.

다른 사람들이 보기에는 그냥 물고기를 더 많이 잡은 것에 불과하다. 물고기를 못 잡는 날도 있고 많이 잡는 날도 있는 법이다. 더 많은 물고기를 잡았으니 그냥 기분이 좋은 것으로 끝날 수도 있다. 그러나 베드로에게 그 날은 물고기를 더 많이 잡은 날이 아니라 그리스도를 깨닫는 순간이었다. 우리에게 그런 영광의 순간이 있어야 한다.

5:10 이제 후로는 네가 사람을 취하리라. 물고기를 잡는 삶과 사람을 얻는 삶은 완전히 다르다. 베드로가 복된 것은 물고기를 많이 잡은 것을 통해 세상 나라에서의 출세한 것이 아니라 하나님 나라의 왕이신 예수님을 본 것이다. 그래서 그는 하나님 나라의 백성이 되었고 사람들이 하나님 나라 백성이 되도록 일을 하게 된 것이다.

풀타임 제자로서의 삶을 살게 된 베드로의 경우만이 아니라 우리 모두가 하나님 나라로의 완전한 전환이 필요하다. 비록 생업은 바뀌지 않았어도 방향이 바뀌면 모든 것이 바뀐다. 세상나라에서 쌓고 있는 것은 망하는 것이다. 그러나 하나님 나라에서 쌓기 시작하는 것은 영원히 남을 것이다. 하나님 나라로의 전환은 인생을 찬란하게 빛나게 한다.

예수님께서 어부들을 첫 제자로 부르셨다. 어부들(베드로 안드레 야고보 요한)을 흔히 무식한 사람으로 설명하는 경우가 있다. 그것은 오늘의 문화로 당시의 문화를 오해한 것이다. 이 당시 어부들은 재산도 많고 사회적 지위도 상당한 사람들이었다. 베드로의 집 터를 보면 매우 크다. 이후에 베드로가 쓴 베드로전후서나 요한이 쓴 요한복음 등을 보면 그들이 매우 유식한 엘리트였다는 것을 알 수 있다.

5:12 눅 5:12-26 은 예수님께서 제자들을 부르신 이야기들 사이에 끼어 있다. 예수님께서 하나님 나라를 세워 갈 제자들을 부르시면서 하나님 나라의 구성원에 대한 설명의 측면으로 보인다.

나병 들린 사람이 있어. 나병으로 번역된 단어는 오늘날 한센병만이 아니라 온갖 종류의 피부병을 총칭하는 단어다. 그의 병이 구체적으로 어떤 피부병이었는지는 모르지만 온 몸에 있는 것을 통해 볼 때 그의 병이 심각하다는 것을 볼 수 있다.

이 당시 그러한 비부병에 걸리면 육체적인 아픔뿐만 아니라 정신적 영적인 아픔이 동반되었다. 그들은 사회에서 격리되었다. 그들은 공동체에서 격리되어 생활하여야 했다. 요즘 코로나 19 로 인하여 10 일 격리되었다 나온 사람들의 소감을 자주 접한다. 그 기간이 매우 힘들었다고 말한다. 단 10 일인데도 말이다. 오늘 본문의 병자는 오랫동안 격리되었을 것이다. 무시 받고 천대받으며.

5:13 손을 내밀어 그에게 대시며. 예수님께서 말씀만 하셔도 된다. 그러나 예수님은 긍휼히 여기셔서 일하실 때 직접 손으로 만지시곤 하셨다. 특별히 이 병자는 피부병이다. 만지면 함께 부정한 사람이 된다. 그러나 예수님은 피부병 걸린 사람을 만짐으로 부정해지는 것이 아니라 부정한 사람을 정해지게 하는 힘을 가지신 분이다. **내가 원하노니 깨끗함을 받으라.** 예수님의 말씀에 병이 치료되었다. 그는 다시 이스라엘 공동체의 일원으로 회복되었다. 그리고 하나님 나라 백성으로도 회복될 것이다.

나병 환자는 희망이 없는 사람이었다. 그러나 그가 예수님께 구하자 회복되었다. 하나님 나라 앞에서는 희망 없는 사람이 없다. 모든 사람이 구한다면 그는 분명히 회복될 것이다. 과거가 어떠하든 현재가 아무리 비참해도 마찬가지다. 다시 시작할 수 있다. 예수 그리스도 안에 힘이 있기 때문이다. 하나님 나라 안에 힘이 있기 때문이다.

5:19 지붕에 올라가 기와를 벗기고. 중풍병자가 강력히 원하지 않았을까? "난 여기서 절대 물러갈 수 없어요" 침대를 멘 사람들은 결국 병자를 데리고 옥상으로 올라갔다.

당시 집들이 보통은 나무로 천장을 가로 지르고 건초더미 등으로 덮어 옥상을 만들었다. 그런데 누가는 '기와'라는 단어를 사용한다. 기와는 흙으로 만든 타일이다. 당시 부요한 집은 유대 지역에서도 옥상을 타일로 건축한 집들이 있었음이 밝혀졌다. 병자가 타일을 벗겨내고 집 안으로 내려간 것은 대단한 열심이라 할 수 있다. 비싼 집을 수리해 주는 비용도 만만치 않을 것이다.

5:20 네 죄사함을 받았느니라. 지붕에서 내려오는 침대를 보고 사람들은 매우 황당하고 분노하였을 것이다. 그러나 예수님은 긍휼이 여기셨다. '네 죄 사함을 받았느니라 '고 말씀하셨다. 예수님의 말씀을 들은 서기관과 바리새인들은 속으로 예수님을 두고 '신성모독하였다'고 생각하였다. 하나님의 이름이나 권위를 오용하는 경우에 해당하기 때문이다.
예수님께서 '죄 사함을 받았느니라'고 하신 이유는 지붕을 뚫고 침상에서 내려오는 중풍병자에게 그것이 가장 필요한 것이었기 때문이다. 그는 병이 치료되기를 원하였다. 그러나 예수님은 '죄사함'이라는 더 필요하고 더 좋은 것을 주신 것이다.

5:25 하나님께 영광을 돌리며 자기 집으로 돌아가니. 도저히 일어나지 않을 것 같은 일이 일어났다. 소망이 없던 사람이다. 그런데 예수님께서 중풍병자를 치료하셨다. 그의 열정에 예수님께서 응답하셨다. 하나님을 열정적으로 찾는 사람이 찾지 못하는 경우를 보지 못하였다. 진실한 마음으로 하나님을 찾는다면 반드시 찾게 될 것이다. 때와 방식은 사람마다 다르다. 그러나 포기하지 않고 찾으면 반드시 찾게 될 것이다.

5:27 레위라 하는 세리. 직업이 세리인 사람을 제자로 선택한 것은 다른 사람들이 보기에는 분명 아주 크게 잘못한 일이었다. 이 당시 세리는 '회개가 불가능한 존재'로 여길 정도로 사회적 낙인이 찍힌 사람이었다. 그들은 재판에서 증인의 자격도 없었다. 세리를 예수님께서 제자로 데리고 다니시면 세리가 함께 있다는 것만으로도 크게 마이너스 요인이 될 것이 분명하다.

5:28 모든 것을 버리고 따르니라. 예수님께서 제자로 부르자 지체함이 없이 바로 응답하였다. 마태는 예수님의 사역을 알고 있었던 것 같다. 아마 많은 생각을 하고 있었을 것이다. 제자는 많은 희생이 따른다. 그가 돈을 좋아하여 세리가 된 것이 분명한데 지금은 어떤 사람보다 돈을 더 내려놓고 제자가 되었다.

'회개할 수 없는 존재'로 취급 받던 마태를 부르셨다. 많은 사람의 과거가 그렇다. 이미 너무 많이 와서 돌이킬 수 없을 것 같은 과거다. 마태의 경우도 이미 사람들이 세리로 알고 있기에 그가 무엇을 할 수 있겠는가? 누가 그의 말을 믿어줄까? 그러나 신약 성경 제일 앞에 마태복음이라고 그의 이름이 기록되어 있다. 돌이킬 수 없을 것 같은 죄인이었으나 누구보다 더 훌륭한 하나님의 백성이 되었다. 하나님 나라에서는 극복할 수 없는 과거는 없다. 모든 과거를 극복할 수 있다.

5:32 죄인을 불러 회개시키러 왔노라. 예수님은 많은 죄로 상처 난 우리의 과거를 아신다. 이 말을 듣고 있던 레위가 얼마나 울었을까? 아무리 해도 떨칠 수 없는 부끄러운 과거와 오늘의 모습에 시달렸는데 주님의 이 말씀은 레위를 완전히 다른 사람으로 만들었다. 사실 의인이라고 생각하고 있는 사람들이 어리석은 사람들이다. 우리 모두는 하나님 앞에 아프고 죄악된 과거를 가지고 있다. 우리의 과거를 치유하시는 의사되신 예수님께 나가야 한다. 예수님은 우리의 너러운 과서를 외면하지 않으시고 고름을 짜 내듯이 짜 내고 치료하여 주신다.

5:33 금식. 요한의 제자들은 금식을 떡 먹듯이 하고 바리새인의 제자들도 일 주일에 이틀을 금식하였다. 그런데 예수님의 제자들은 그렇게 하지 않는 것 같았다.

5:34 손님으로 금식하게 살 수 있느냐. 혼인 잔치 집에서 금식을 하는 것은 말이 안 된다 말씀하신다. 예수님이 이 땅에 오셨다. 하나님 나라가 시작된 것이다. 그렇다면 그때는 신랑이 온 것보다 더 큰 잔치가

시작된 것이다. 이렇게 좋은 때는 금식할 것이 아니라 잔치할 때다. 상황에 맞는 말과 행동이 있어야 한다. 과거의 방식도 그렇다. 과거에는 매우 유용하였어도 현재는 필요 없을 수 있다.

5:36 새 옷의 일부를 떼어. 과거의 방식에 매이지 말아야 할 것을 위해 2가지 비유를 말씀하셨다. 찢어진 옷을 수리하기 위해 새 옷의 일부분을 떼어 헌 옷을 수리하지는 않는다. 그것은 새 옷도 망치고 찢어진 옷도 제대로 수선되지 않는다.

5:37 새포도주를 낡은 가죽 부대에. 새 포도주를 만들었을 때도 그렇다. 새 포도주를 만들어 이미 많이 늘어진 기존의 포도주 부대에 넣으면 새 포도주가 발효되면서 포도 부대를 터지게 한다. 부대는 터지고 포도주는 땅에 쏟아진다. 신구의 조화는 그렇게 하는 것이 아니다.

5:38 새 포도주는 새 부대에. 새 포도주는 새 부대에 넣어야 터지지 않는다. 과거의 방식을 고집할 것이 아니라 본질이 무엇인지를 생각해야 한다. 새 포도주가 발효해야 하며 그러려면 아직 늘어지지 않은 새 부대에 넣어야 한다. 하나님 나라 복음이 힘있게 확장되기 위해서는 어떤 고정되어 있는 것이 아니라 그 시대의 방식이 있다. 중요한 것은 방식 때문에 본질이 변질되지 않도록 하는 것이다.

5:39 묵은 것이 좋다 함이니라. 먹던 묵은 포도주가 맛 있는 것이 당연하다. 그런데 그래서 과거의 것을 고집하면 안 된다. 묵은 포도주가 맛있는 것은 묵은 포도 부대 때문이 아니다. 과거의 방식이 좋은 것이 아니라 때에 맞는 것이 좋은 것이다.

6 장

6:2 안식일에 하지 못할 일. 성경에는 이삭을 손으로 비벼 먹는 일을 안식일에는 하지 말아야 한다는 법이 없다. 그러나 바리새인들은 안식일 준수를 더 잘하고 싶어서 과하게 적용하고 있었다. 안식일 준수를 잘 하기 위해 마음을 쓰는 것은 잘하는 것이다. 그러나 그러려면 안식일 준수의 본질을 잘 알아야 했다. 그래야 방향을 잘 잡을 수 있기 때문이다. 그들은 본질을 놓치고 형식만 잡고 있어 본래 안식일의 유익마저 해치고 있었다.

6:3 다윗이 한 일. 예수님은 다윗의 사건에 대한 해석을 통해 더 많은 것을 가르쳐 주시기를 원하셨다. 다윗이 제사장만 먹을 수 있는 임재의 빵(진설병)을 먹었던 것을 말씀하신다. 다윗은 예외적으로 그것을 먹었다. 제사장들은 다윗이기에 예외적으로 인정해주었다. 그것이 하나님 나라를 이루는 일이라 생각하여 허락하였다.
예수님의 경우는 어떨까? 예수님은 이 사건을 통해 다윗과 자신을 비교하셨다. 예수님은 다윗 언약을 성취하시는 분이다. 예수님은 다윗보다 더 크신 분이다.

6:5 안식일의 주인. 안식일은 하나님께서 천지를 창조하시고 쉬시면서 안식일로 주신 것이다. 예수님을 통해 천지를 창조하셨다. 예수님은 안식일의 시작이요 주인이시다. 이제 예수님을 통해 제 2 창조를 하신다. 부활하신 이후 안식일을 주일로 바꾸실 것이다.
예수님보다 안식을 더 잘 지키고 싶은 사람도 없을 것이다. 예수님이 주신 법이다. 이 당시 사람들에게 안식일은 하나님의 창조를 기억하는 법이다. 안식일에 이삭을 따서 먹은 것이 하나님의 창조를 더 기억하지 못하게 하는 마법을 부리지는 않는다. 오히려 그것을 비난하는 사람들이 하나님의 창조의 법을 어기고 사람을 비난하고 미워하고 있는 것이다. 안식일을 잘 지키고 싶다면 안식일의 본질을 더 잘 알아야 한다.

6:9 안식일에 선을 행하는 것과 악을 행하는 것. 선을 행하는 것은 병자를 고쳐 주는 것이고 악을 행하는 것은 병자를 고쳐주지 않는 것이다. 그냥 병을 고쳐주지 않는 것일 뿐인데 예수님은 그것을 악이라 말씀하신다. 만약 예수님께서 바리새인들의 고발을 두려워하여 치료하지 않으시면 그것은 악한 세력 때문에 선한 일을 하지 않은 것이 되어 악이다. 무엇인가를 행하지 않는 것을 악으로 생각하지 않는 경향이 많다. 그러나 선을 행할 줄 알면서도 행하지 않으면 악이 된다. 우리가 모든 것을 할 수 있는 것은 아니다. 그러나 할 수 있는 일이고 해야 하는 일인데도 불구하고 하지 않는 경우가 있다. 그것은 악이다.

6:11 노기가 가득하여. 그들은 예수님께서 병자를 안식일에 고치셨다고 분을 냈다. 예수님을 죽이고자 하였다. 그들은 안식일의 주인이신 하나님을 생각하는 것이 아니다. 자신들의 위신과 명예와 이익만 생각하고 있다. 예수님 때문에 자신들이 창피를 당하였다 생각하여 분노하고 있다.

6:12 밤이 새도록. 제자를 세우는 일이 중요하였기 때문에 그렇게 힘을 기울여 기도하셨다.

6:13 사도. '보냄을 받은 사람'이라는 뜻이다. 주로 열 두 제자에 사용되지만 바나바나 바울에게도 사용된다. 최소한 모든 신앙인이 사도적 마음을 가져야 한다. 모든 신앙인은 세상에 보냄을 받은 사람이다. 내 안에 있는 복음을 어찌 나만 간직할 수 있겠습니까? 콩 한 조각도 나누어 먹어야 하는데 어찌 복음처럼 큰 것을 나누지 않을 수 있겠는가? 모든 신앙인은 지금 그 자리에 복음을 위해 보내졌다는 소명의식을 가지고 살아야 한다.

6:14-16 열 두 제자의 이름이다. 이들은 이스라엘의 열두 지파를 상징한다. 각 지파에서 한 명씩 뽑힌 것이 아니다. 이들은 하나님 백성으로서 새로운 열 두 지파를 대표한다. 하나님의 백성은 이제

더이상 이스라엘 민족이 아니라 믿음을 가진 사람이 열 두 지파에 속하게 된다. 새로운 백성이다.

'마태'와 '셀롯이라는 시몬'은 아버지의 이름이 같다. 동일 인물인지 아니면 동명이인인지는 정확하지 않다. 셀롯인이라는 것은 율법에 열심이었고 순결한 율법준수를 위해 힘으로라도 독립을 꿈꾸던 사람들이다. 만약 형제라면 마태(레위)와 시몬이 안으로 다툼과 고민이 많았을 것이다. 그러나 복음 안에서 하나가 된다.

열 두 제자는 매우 유명하지만 열 두 제자를 지칭할 때를 빼고 행적이 전혀 기록되지 않은 사도들도 있다. 그들이 기록되지 않았다 하여 일하지 않은 것은 아닐 것이다. 제자의 삶은 매우 다양하다. 능력도 다양하고 소명도 다양하다. 예수님의 열 두 제자 안에서도 다양하게 나타난다.

6:17-49 *새로운 공동체의 법*. 새로운 공동체가 지켜야 하는 내용을 다룬다.

6:17 평지에서 서시니. 이 단어는 '고원'으로도 번역될 수 있는 단어다. 높은 곳의 평평한 곳이라면 산상으로 번역해도 다르지 않다.
오늘 본문은 마태복음의 산상복음과 비슷하다. 그러나 분명히 다르다. 아마 이런 말씀을 많이 하셨을 것이다. 주로 언덕에서 또는 산 정상 부분의 평지(팔복산 또는 하틴의 뿔 등의 장소)에서 하셨을 것이다.

6:20 가난한 자는 복이 있나니. 마태복음에서는 '심령이 가난한 자'로 나온다. 누가복음의 말씀도 마태복음처럼 '심령이 가난한 자'로 해석하기도 한다. 그러나 그렇게 억지로 맞추면 문제가 된다. 오늘 본문은 심령이 가난함도 포함하고 있겠지만 일차적으로는 '물질적 가난'이 분명하다.
예수님의 말씀을 듣고 있는 이들은 말씀을 듣고 복음을 전하기 위해 자신들의 생업을 뒤로 하고 모인 사람들이다. 그들은 이전보다 더 가난해졌다. 단순히 가난한 것은 아니다. 베드로 마태 요한 등은 모두 꽤 부자였다. 그러나 이전보다 더 가난해졌다. 하나님 나라를 위해 가난해진 것이다.

그들이 하나님 나라를 위해 더 가난해졌다. 재산을 잃었다. 그래서 복된 사람이 된다. 왜 그럴까? '하나님의 나라가 너희 것임이요'라고 말씀하셨다. 하나님 나라를 소유하게 되었다. 아주 적은 것을 잃고 아주 많은 것을 얻은 것이다.

6:22 인자로 말미암아. 기준은 예수님 때문이다. 단순히 예수님 이름 때문이 아니라 예수님의 뜻을 따라 사는 예수님 이름 때문이다. **미워하고 멀리하고 욕하고 버림받을 때.** 세상의 미움과 배척과 모욕과 경멸을 받으면서 좋을 사람이 누가 있겠는가? 그러나 진정 예수님을 따르기 위해 그 길을 간다면 그것은 아주 복된 길이 된다. 그것이야 말로 참으로 하나님 나라를 깊이 사랑하는 사람의 모습이기 때문이다.

6:24 화 있을진저 너희 부요한 자여. 세상 나라에서는 부요한 사람은 '복된 사람이다'고 말한다. 예수님께서 그들을 '화 있는 사람'이라고 말씀하신다. 그들은 재산을 위하여 마음과 시간을 들여 노력하였다. 돈의 위력으로 안락한 삶을 살았다. 그러나 거기 까지다. 세상의 안락이 하나님 나라의 복으로 이어지지는 않는다. 자신의 안락을 위하여 하나님 나라를 위해 수고할 시간과 마음이 없었다면 그들은 분명 안락에 빠져 있는 불쌍한 사람이다.

6:26 모든 사람이 너희를 칭찬하면 화가 있도다. 항상 '좋은 사람'은 신앙인에게 그리 칭찬이 아니다. 모든 사람에게 칭찬을 듣는다는 것은 하나님 나라를 위해 제대로 길을 가지 않는다는 의미일 수 있다. 세상 나라와 하나님 나라의 양다리다. 양다리는 다리가 찢어진다.

6:27 원수를 사랑하며. 그들이 어떤 사람이든지 사랑하라는 말씀이다. **너희를 미워하는 자를 선대하며.** 나를 미워하는 사람을 어찌 선하게 대할

수 있을까? 그러나 신앙인은 그렇게 해야 한다. 하나님 나라 백성은 천국법으로 그들을 사랑해야 한다.

6:30 구하는 자에게 주며. '원수를 사랑하는 원칙'에는 찬성하여도 구체적으로 실천하는 것이 쉽지 않다. **네 것을 가져가는 자에게 다시 달라 하지 말며.** 무저항주의를 의미하는 것이 아니다. '무조건 그렇게 해야 한다'고 말하는 것이 아니다. 이것을 무조건으로 생각하기 때문에 실천적 방법이 될 수 없다고 생각한다. 성경에는 늘 무조건이 없다. 성경은 모든 사람을 인격적으로 대한다. 원칙이 있다. '하나님 사랑과 이웃 사랑과 자기 자신 사랑'이다. 그렇게 하는 것이 하나님 사랑에 합당하고 이웃 사랑에 합당하다면 뺨을 치는 사람에게 다른 뺨도 대주어야 한다. 그러나 만약 그렇게 하는 것이 하나님 사랑과 이웃 사랑에 합당하지 않으면 결코 그렇게 하면 안 된다. 그것은 사랑이 아니라 어리석음이다. 세상 나라 사람들은 세상의 법이 그들의 기준이다. 자신들의 이익과 감정이 기준이다. 그러나 하나님 나라 백성은 나의 이익이나 감정이 기준이 아니다. 나에게 아무리 원수여도 하나님 나라 법으로 볼 때 그렇지 않을 수 있다. 나는 아무리 화를 내고 싶어도 하나님 나라 기준으로 볼 때 그렇지 않을 수 있다. 이제 하나님 나라 백성이 되었으니 하나님 나라 법에 따라 살아야 한다.

6:35 아들이 되리니. 천국 법에 따라 살 때 가장 큰 상은 '지극히 높으신 이의 아들이 되는 것'이다. 이것보다 더 큰 상은 없다. 하나님의 자녀가 되면 그 외의 모든 복도 함께 온다. **그는 은혜를 모르는 자와 악한 자에게도 인자하시니라.** 하나님은 아주 악한 사람에게도 따스한 해를 주시고 비를 내려주신다. 그들이 하나님의 사랑을 알든 모르든 상관없이 그렇게 주신다. 하나님의 자녀인 우리가 그래야 한다.

6:36 자비로운 자가 되라. 우리는 세상 사람들을 향하여 자비로워야 한다. 우리의 기준은 하나님이다. 세상 사람들이 아니다. 무엇을 하라고 하면 자꾸 '사람들은 그렇게 하지 않는데 왜 내가 해야 하느냐'고 반문한다.

우리의 기준은 세상 사람이 아니다. 하나님이다. 세상 사람들을 비교 대상으로 삼지 말고 하나님을 비교대상으로 삼아야 한다. 하나님을 닮아가야 한다.

6:37 비판하지 말라. 우리는 세상 사람들을 비판하지 말아야 한다. **그리하면 너희가 비판을 받지 않을 것이요.** 여기에서 우리가 누구에게 비판을 받지 않는 것일까? 세상 사람일까? 아니다. 하나님이다. **용서하라 그리하면 너희가 용서를 받을 것이요.** 우리가 세상 사람을 용서하면 우리는 하나님께 용서를 받을 것이다. 반대로 세상을 용서하지 않으면 하나님께 용서를 받지 못할 것이다.
세상 사람들과의 관계를 예수님은 하나님과의 관계로 연결시키신다. 하나님의 백성은 이제 하나님과의 관계 속에 살고 있는 사람이다. 세상 사람들의 관계가 그들과의 관계로 끝나지 않는다. 천국 백성은 그 안에 하나님께서 계신다. 결코 떨어져 있는 것이 아니다.

6:38 너희에게 줄 것이니. 내가 잘해주어도 사람들이 나에게 보답하지 않는 것 때문에 기분 나쁠 필요가 없다. 보상은 하나님께서 해 주신다. 절대 부족하지 않게 넘치도록 누르고 흔들어 꽉 차게 주신다고 말씀한다. 주는 분은 하나님이다. 세상 사람들이 주지 않는다고 멈추면 안 된다.

6:39 맹인이 맹인을 인도. 우스운 모습이다. 제자는 이제 진리를 볼 수 있다. 눈이 뜨였다. 제자는 여전히 보지 못하는 세상 사람을 진리로 안내해야 한다. 그런데 여전히 눈을 뜨지 못한 신앙인이 있다고 말씀하신다. 예수님 보시기에는 많은 신앙인들이 여전히 맹인이었다. 세상 사람들은 복음과 영원한 생명에 대해 전혀 모르고 있다. 그래서 맹인이다. 그런데 믿음 안에 있으면서도 여전히 천국에 대해 모르는 사람들이 있다. 그들을 예수님께서 '맹인'이라고 말씀하신다. 오늘날 교회는 다니지만 맹인 수준에 머물러 있는 사람이 많다.

6:40 온전하게 된 자는 그 선생과 같으리라. 예수님의 말씀을 따라 열심히 훈련되면 예수님처럼 될 수 있다. 우리의 모델은 예수님이다. 예수님만큼 아름다운 사람이 되어야 한다.

6:42 외식하는 자. 연극 배우를 의미하기도 한다. 속은 변하지 않고 겉으로만 행동하는 것이다. 신앙인은 연극배우가 되면 안 된다. 속사람이 바뀌어야 한다. **티.** 가시처럼 작은 나무조각이다. **들보.** 집을 지을 때 기둥과 기둥을 연결하여 윗 부분을 지탱하는 구조목이다. 큰 나무 기둥이다. **먼저 네 눈 속에서 들보를 빼라.** 사람들이 자기 자신의 허물을 보지 못하고 다른 사람의 것만 보는 경향이 강하다. 조금은 과장해서라도 자신의 허물을 볼 수 있어야 한다.

6:44 나무는 그 열매로 아나니. 나무가 열매가 없을 때는 구분이 잘 가지 않는다. 그러나 열매가 맺히면 바로 구분할 수 있다. 무화과를 맺은 나무를 가시나무라고 말하지 않는다.
천국과 지옥이라는 열매 말고 그것을 알 수 있는 예비적 열매가 있다면 무엇이 있을까? 여러 가지가 있다. 예를 들어 성령의 열매(사랑과 희락과 화평과 오래 참음과 친절(자비)와 양선과 신실(충성)과 온유와 절제)를 맺고 있는가? 그렇다면 훌륭한 제자이다. 그러나 7 대죄의 열매(교만 시기 분노 게으름 탐욕 탐식 탐색)를 맺고 있으면 맹인 제자이다.

6:45 좋은 열매는 어떻게 만들어질까? 예수님께서 두 가지를 말씀하셨다. **마음에 쌓은 선.** '마음에 쌓는 것'이 중요하다. 어떤 순간에 무엇을 행하는지는 평상시 그가 무엇을 쌓았는지에 의해 결정된다. 마음에 악을 쌓았으면 악이 나오고. 선을 쌓았으면 당연히 선이 나온다.

6:49 좋은 열매를 맺기 위한 두 번째 지침. **듣고 행하지 아니하는 자.** 듣고 행해야 좋은 열매를 맺는다. 듣기만 하는 것은 열매를 맺지 못한다. 하나님의 말씀을 들을 때 무엇을 행해야 하는지를 함께 생각해야 한다.

'원수를 사랑하라' 하셨으면 그 말씀을 듣고 행해야 한다. 그것을 행할 때 그것이 자신의 것이 된다. 행하지 않으면 귀로 들어와서 다른 쪽 귀로 나갈 것이다. 손과 발로 행할 때 그것이 나의 시간을 채우고 내 존재의 일부가 된다. 인생이 된다.

7 장

7:1-8:21 *복음에 대한 반응.* 복음에 대한 반응을 다룬다. 복음은 이방인이나 이방 여인일지라도 복음의 대상이 된다. 복음은 모든 이들을 가족으로 초청한다.

7:2 백부장. 백 명의 병사를 거느린 장교. 이 당시 갈릴리는 헤롯 안티파스가 통치하고 있었기 때문에 백부장은 헤롯 안티파스 휘하의 장교였을 것이다. 군대체계는 로마식을 따르고 있으며 백부장은 외국 용병이었던 것으로 보인다. 그래서 이방인으로 불린다.

7:5 회당을 지었나이다. 백부장이 비록 이방인이지만 유대인들을 존중하고 특히 가버나움에 있는 회당을 짓는 비용의 많은 부분을 기부한 것으로 보인다. 당시 백부장은 일반 병사의 15 배 월급을 받았다. 월급만으로도 꽤 부자였을 것이다. 그는 회당의 모임에 참석하는 경건한 이방인이 된 것 같지는 않다. 그래서 예수님이 병을 고쳐 주시는 집을 들어가거나 직접 만나지는 못했던 것으로 보인다.

7:6 예수께서 함께 가실새. 백부장의 집은 아마 가버나움과 헤롯 안티파스의 갈릴리 왕국의 수도인 디베랴 사이 어딘 가에 가버나움 가까운 쪽에 있었던 것 같다. **내 집에 들어오심을 나는 감당하지 못하겠나이다.** 예수님이 오신다는 소식을 들은 백부장이 사람을 보냈다. 유대인이 이방인의 집에 들어가면 부정해지기 때문이다. 백부장은

유대인인 예수님께서 자신의 집에 들어오심으로 부정해질 것을 염려했던 것이다. 백부장은 유대 율법과 문화에 대해 잘 알고 있었고 그것에 대한 배려를 하고 있는 것이다.

7:9 그를 놀랍게 여기셨다. 사람들은 믿는다 말하면서도 실제로는 믿지 않는 행동을 할 때가 많다. 그런데 백부장의 경우는 믿는 대로 행동하고 있다. **이스라엘 중에서도 이만한 믿음은 만나보지 못하였노라.** 백부장이 비록 이방인이지만 그 믿음이 대단하다는 것이다.

7:11 나인. 나인은 나사렛에서 가까운 거리에 있는 마을이다. 나인 성은 사실 정확한 위치를 잘 모른다. 성경 어디에도 다른 곳에서는 나오지 않기 때문이다. 오직 오늘 본문에서 딱 한 번 나온다. 중요한 도시도 아니며 알려진 도시도 아니다. 지나가시는 것도 아니다. 나인 성을 목적지로 하여 가셨다. 왜 예수님은 이 성을 찾아 가셨을까?

7:12 사람들이 한 죽은 자를 메고 나오니. 슬퍼하며 한 사람을 들것에 들고 나오는 장례행렬을 만나셨다. **성의 많은 사람도 그와 함께 나오거늘.** 많은 사람이 함께하였다. 죽은 사람이 유명한 사람이었을까? 아마 너무 불쌍하여 많은 사람이 참여한 것 같다. 미쉬나에 '장례 인원이 충분히 많으면 토라를 공부하는 사람은 공부를 멈추어서는 안 되지만 장례식에 참여할 사람이 너무 적으면 토라 공부를 멈추고 장례식에 참석해야 할 의무가 있다'고 말한다. 나인성에서 벌어지고 있던 장례식은 힘 없는 과부의 아들의 죽음이었기 때문에 장례에 참석할 사람이 적었을 것이다. 사람들은 긍휼히 여겨 장례에 참여하였을 것이다.

7:13 주께서 과부를 보시고. 본래 장례식은 모르는 사람은 그냥 지나치는 것이 맞다. 그런데 예수님은 그 장례행렬을 향해 가셨다. 마치 멀리서 장례를 참석하기 위해 온 친척처럼 대하신다. 과부가 울고 있는 모습을 보시고 함께 아파하시고 긍휼히 여기셨다. 예수님께서 나인 성에 왜 오셨는지 사람들은 몰랐을 것이다. 제자들도 몰랐을 것이다. 그러나

예수님께서 나인 성에 오신 이유는 아들이 죽어 가장 비참함 가운데 있는 이 여인을 만나고 위로하시기 위해 오신 것이 아닐까?

7:14 가까이 가서 그 관에 손을 대시니. '관'으로 번역한 단어는 '들것'이 더 나은 번역일 것 같다. 우리는 관을 생각하면 안의 내용물이 보이지 않는 상자를 생각할 것이다. 그러나 오늘 본문의 경우는 안의 죽은 사람이 보이는 열린 형태의 관이다. 그래서 갈대로 엮어 만든 열린 바구니 같은 관이나 들것을 생각해도 좋다.
예수님께서 관에 손을 대실 때 사람들은 경악하였을 것이다. 시체나 시체를 나르는 도구를 만지면 부정해지기 때문이다. 그러나 예수님은 그 반대였다. 예수님이 부정한 것을 만지심으로 부정해지시는 것이 아니라 부정한 것이 깨끗해진다.

7:15 죽었던 자가 일어나 앉고. 죽어 시체로 있던 청년이 일어났다. 시신은 향품 처리를 하고 천으로 돌돌 두른 상태였을 것입니다. 그러나 얼굴은 드러나 있다. 시신이 갑자기 눈을 번쩍 떴을 때 사람들이 얼마나 놀랐을까? 시신이었던 청년이 놀라고 무엇보다 과부는 기쁨으로 더욱더 놀랐을 것이다. 사람들은 들것을 땅에 내려놓았을 것이다. 청년은 일어나기 위해 기우뚱거렸을 것입니다. 사람들은 재빨리 청년을 둘렀던 천을 풀어냈을 것이다.

7:16 모든 사람이 두려워하여 하나님께 영광을 돌려. 이러한 놀라운 일은 오직 하나님께로부터 만 나오는 일이기 때문이다. **큰 선지자가 우리 가운데 일어나셨다.** 이전에 죽은 자를 살린 엘리야와 엘리사를 생각하며 말하였을 것이다. **하나님께서 자기 백성을 돌보셨다.** '돌보셨다'로 번역된 동사를 직역하면 '방문하다(오다)'이다. 대부분 '방문하다'로 번역되는데 '방문하여 돌보는 것'까지 포함하기 때문에 개역개정은 '돌보다'로 번역하였다. 대부분 영어성경은 이 구절에서도 '방문하다'로 번역한다. 사람들이 예수님을 보고 하나님이라고 생각하지는 않았을 것이다. 그러나 실제로는 그들이 말하고 있는 그 일이 가장 직접적으로 그들에게

일어나고 있었다. 하나님(성자 하나님)이 직접 방문하셨던 것이다. 만약 그 사실을 그들이 알았다면 다 놀라 쓰러졌을 것이다.

7:19 오실 그이가 당신이오니이까. 세례 요한은 감옥에 있었다. 그러나 그의 마음은 감옥이 아니라 예수님께 있었다. 감옥에서 나오는 것이 아니라 하나님 나라가 이루어지는 것에 관심이 있었다.

세례 요한은 예수님이 '오실 그이' 즉 메시야임을 최초로 선언한 사람이다. 그런데 여기에서는 묻고 있다. 왜 그럴까? 그가 예수님을 메시야로 선언할 수 있었던 것은 하나님의 계시 때문일 것이다. 그때까지 예수님은 메시야로서 어떤 일도 행하지 않으셨다. 이제 메시야로서 일하고 계신다. 그래서 더 생각할 수 있게 되었을 것이다. 어떤 것을 보면 메시야 같은데 또 어떤 것을 보면 메시야 같지 않았다. 그래서 제자를 보내 질문한 것이다.

세례요한의 질문은 의심이 아니라 혼동이었을 것이다. 혼동보다 더 큰 요인은 관심일 것이다. 승리자 메시야 개념 때문에 조금은 혼동이 있었겠지만 믿는 마음이 더 강했을 것이다. 확인을 위해 제자를 보냈을 것이다. 그가 질문할 수밖에 없었던 가장 중요한 이유는 그것이 그에게 너무 중요한 문제였기 때문일 것이다. 그에게는 예수께서 메시야이심을 아는 것이 그의 전 생애 모두를 주고도 바꾸지 않을 중요한 문제였다. 중요한 문제이니 확인하고 또 확인하면서 한 걸음씩 앞으로 나가는 것이다.

7:22 예수님께서 이사야 말씀을 기억나게 하시면서 자신이 메시야이심을 확실히 대답하신 것이다. 요한의 질문을 책망하지 않으시고 친절히 대답하심으로 칭찬하신 것이다.

7:24 광야. 세례요한이 가르치고 세례주던 요단강 주변을 말할 것이다. 그곳은 물이 불어나면 물에 잠기기 때문에 경작지가 되지 못하고 많은 갈대가 자라고 있었다. 사람들이 갈대 구경하러 그곳에 갔을까?

7:28 요한보다 큰 자가 없도다. 요한은 선지자였다. 하나님 나라를 가장 먼저 알고 가장 최전선에서 전하는 선지자였다. 그래서 가장 큰 선지자다. **하나님의 나라에서는 극히 작은 자라도 그보다 크니라.** 이후에 사람들은 앞을 예견하는 선지자로서가 아니라 하나님 나라에서 누리는 자가 될 것이다. 하나님 나라의 최전선에 서게 될 것이다. 그래서 하나님 나라를 아는 측면에 있어 가장 큰 선지자보다 더 많이 아는 사람이 되기에 큰 자라고 표현하고 있다.

7:31 이 세대의 사람을 무엇으로 비유할까. 놀이를 하는 아이들이 함께 있으면서도 서로 반응하지 않는 상황을 비유로 말씀하신다. 이 세상은 그렇게 반응하지 않는다. '냉담'하다. 하나님 나라에 냉담하다.

7:33-34 세례 요한의 사역에도 냉담하고 예수님께도 냉담하였다. 그들은 하나님의 나라에 무지하고 관심이 없었기 때문이다.

7:35 지혜. 지금은 세상 사람들이 자신이 잘났다고 생각하겠지만 '지혜'가 드러날 때가 있다. 요한과 예수님이 전하시는 천국이 옳다. 지혜이다. 지금도 그렇다. 오직 천국을 아는 것이 지혜다. 세상 잘난 이야기가 아니라 천국 이야기에 귀를 기울여야 한다.

7:36 바리새인은 예수님께서 가르치시는 것에 깊은 관심을 가지기 보다는 예의상 예수님 일행을 초대한 것으로 보인다. 동네 유지가 동네에 온 유명한 사람을 초대하는 것과 같다.

7:37 죄를 지은 한 여자. 죄인이라 단정하여 말하는 것을 보면 그 여인이 창녀인 것이 확실해 보인다. 여전히 그렇게 살고 있었다. 그런데 이 여인이 왜 예수님을 찾아왔을까? 아마 예수님께서 가르치실 때에 이전에 들었던 것으로 보인다. 예수님의 말씀을 듣고 가슴이 뛰었던 것 같다.

여인이 창녀로서 사는 것을 보면 과부이거나 매우 가난한 사람이었을 것이다. 자신의 몸을 팔아 생계를 유지해야만 했던 비련한 인생을 살고 있었던 것이다. 물론 아무리 가난해도 해서는 안 될 일이다. 그러나 그녀는 가난보다는 차라리 창녀가 되는 것을 선택하였다. 그러나 그렇게 사는 것이 많이 힘들었을 것이다. 그러던 어느 날 예수님께서 말씀하시는 것을 들었다. 하나님 나라. 가난한 자를 부르시는 부름. 천국 백성이 되는 복음에 대해 들었다. 그리고 가슴이 뛰었다.

바리새인의 집에 와서. 평상시에는 결코 바리새인의 집에 들어간 적이 없을 것이다. 같은 동네 사람이라도 결코 들어갈 생각도 하지 못했을 것이다. 바리새인도 그녀가 들어온 줄 알았다면 당장 쫓아냈을 것이다. 평상시 같았으면 상상도 할 수 없는 일이 일어날 수 있었던 것은 바리새인을 비롯한 사람들이 예수님의 방문하심에 온 정신이 팔려 있었기 때문일 것이다. 여인의 용기도 한 몫 했다. 창녀인 그녀가 바리새인의 집에 들어간다는 것은 결코 있어서는 안 될 일이다. 그러나 그녀는 그것보다 자신의 가슴을 뛰게 한 예수님께 무엇인가를 드리고 싶은 마음이 가득하여 자신의 집에 가서 '향유를 담은 옥합'을 가지고 왔던 것이다. 이 향유가 나드 향유처럼 비싸지는 않았겠지만 그래도 일반 기름보다는 비쌌다.

7:38 발 곁에 서서 울며 눈물로 그 발을 적시고. 사람들이 알아채지 못하는 사이에 이런 일이 가능한 것은 당시 식사 사세 때문일 것이다. 당시 식사 때 '앉은' 자세는 '앉은 것과 엎드린 것의 중간' 정도로 엎드린 것에 조금 더 가까운 자세이다. 발이 뒷 쪽으로 가 있다. 앞을 보고 있으면 발 쪽에서 무슨 일이 벌어지는지 알지 못한다.

7:39 집 주인은 당장 여인을 내쫓고 싶었지만 예수님을 손님으로 청한 상태이니 주저하며 예수님이 어찌 하시는 지 기다리며 주시하였다.

7:44 예수님이 바리새인의 집에 들어가셨을 때 바리새인은 예수님의 발을 씻을 물을 주지 않았다. 그러나 여인은 자신의 눈물로 예수님의

발을 씻었다. 바리새인은 볼맞춤도 하지 않았는데 여인은 입술로 발에 키스를 하였다. 바리새인은 올리브유도 붓지 않았는데 여인은 비싼 향유를 부었다. 여인이 바리새인보다 훨씬 더 많이 예수님께 감사하고 존경하고 사랑하는 것을 볼 수 있다. 천국에 더 많은 관심을 가지고 있는 것이다.

7:50 네 믿음이 너를 구원하였으니 평안히 가라. 하나님 나라와 복음을 향한 여인의 믿음을 보시고 예수님께서 죄 용서를 선포하셨다. 믿음은 과거에 대반전을 가져온다.

8 장

8:2 일곱 귀신이 나간 자 막달라인이라 하는 마리아. 여러 여자들이 함께 하였다. 마리아는 악령이 나간 것만으로 만족하지 않고 예수님의 천국 복음 전파에 동참하였다.

8:3 자기들의 소유로 그들을 섬기더니. 그들은 예수님과 그 일행을 섬기느라 재산이 많이 줄어들었을 것이다. 그러나 그들이 사용한 돈은 세상 어떤 것보다 더 값진 것이 아니었을까? 힘들었을 것이다. 그러나 그들의 수고의 땀은 어떤 땀보다 더 가치 있는 땀이 아니었을까? 이름이 나온 세 명의 여성 말고도 더 많은 여성들이 있었을 것이다. 그들은 성경에는 기록되지 않았지만 하늘 생명책과 하나님의 마음에는 분명히 기록되지 않았겠는가? 그들이 천국 전파의 일에 참여함으로 그들은 참으로 가장 가치 있는 삶을 살았다고 할 수 있다. 몸은 힘들고 돈도 들었지만 말이다.

8:10 비밀. 비유로 말씀하신 이유는 '그들로 보아도 보지 못하고 들어도 깨닫지 못하게 하려 함'이다. 비밀은 찾지 못하도록 숨긴 것은 아니다. 오히려 찾도록 하기 위함이다.

하나님 나라의 비밀을 알기 위해서는 조금 더 관심을 가져야 한다. 관심을 가지고 살펴보면 그것이 더 큰 진리로 다가올 것이다. 그러나 관심이 없으면 의미를 모르고 끝날 것이다. 비유는 관심 있는 사람에게는 그 의미를 더욱 풍성하게 깨닫게 하고 관심 없는 사람에게는 그 의미를 전혀 모르고 끝나게 할 것이다.

8:11 씨는 하나님의 말씀. 하나님의 나라에 대한 말씀이 뿌려지고 있다. 그것을 듣는 사람들을 밭으로 비유하여 말씀하신다. 씨는 같았으나 밭이 달랐다. 많이 듣는 것 같으나 '길 가' '바위 위' '가시 떨기 속' 등에 떨어졌다. 지금 말씀을 듣고 있지만, 지금 감동받고 있다고 말하지만, 지금 순종하기도 하지만 실제로는 진정한 믿음으로 자라지 못할 밭이다.

8:15 좋은 땅. 하나님 나라 이야기가 복음이 되기 위해서는 '지키어 인내'로 결실을 맺을 때 이루어진다. 오늘 말씀을 들어야 한다. 그것을 정직하고 진실하게 붙잡아야 한다. 그대로 살아가야 한다. 환경의 변화 속에서도 인내로 계속 살아내야 한다.

예수님의 말씀을 들을 때는 어떤 밭인지 표시 나지 않는다. 시간이 그것을 증명할 것이다. 시간을 통과히며 말씀이 열매를 맺도록 인내해아 한다.

8:16 들어가는 자들로 그 빛을 보게 하려 함이라. 예수님께서 하나님 나라 복음을 전하시는 이유는 모든 이들이 듣고 깨닫게 되기를 원하시기 때문이다. 그런데 사람들의 마음의 밭이 잘못되어 열매를 맺지 못하는 경우가 많았다.

8:17 감추인 것이 장차 알려지고 나타나지 않을 것이 없느니라. 모든 것이 말씀으로 조명될 것이다. 사람들이 지금은 말씀에 무관심하고 무지하여

흘려보내지만 결국 말씀으로 모든 것이 드러나고 심판받을 것이다. 말씀을 따라 열매를 맺은 삶이 찬란하게 빛날 것이다.

8:18 말씀을 듣는 이들이 참으로 두렵고 떨리는 마음으로 들어야 한다. 관심을 가지고 생명처럼 소중히 여기며 들으면 더욱더 많이 열매를 맺을 것이다.
어떤 이들은 있는 것까지 더 빼앗길 것이다. 영적인 일에는 영적인 빈익빈 부익부가 가장 더 많이 일어날 것이다.

8:19 동생들. 예수님은 4명의 남동생(야고보 요셉 유다 시몬)과 여러 명의 여동생이 있었다. 천주교에서는 일반적으로 마리아의 동정녀성이 계속 지속되었다고 믿기 때문에 이들은 마리아가 낳은 아들이 아니라 사촌이라고 가르친다. 그것은 제롬의 해석을 따른 것이기도 하다. 그러나 사촌을 부를 때의 헬라어가 따로 있다. 그러기에 적합하지 않은 것으로 보인다. 대안으로는 요셉이 마리아 이전에 전처가 있었던 것으로 보기도 한다. 동생들은 전처의 소생이라는 것이다. 그러나 성경에는 그럴 가능성을 비치고 있는 구절이 전혀 없다. 동생들은 마리아가 예수님 이후에 요셉과의 정상적인 결혼 생활 가운데 낳은 아들로 보는 것이 가장 합리적일 것이다.

8:21 내 어머니와 내 동생들은 하나님의 말씀을 듣고 행하는 이 사람들이라. 예수님께서 육체적인 혈연관계를 부정하시는 것이 아니다. 예수님은 공생애를 시작하시기 전까지 어머니와 동생을 돌보느라 많은 수고를 하셨을 것이다. 이것은 무엇이 더 근본적인 것인지를 말씀하시는 것이다. 영원한 나라에서는 이 땅에서의 관계가 무의미하다. 영원한 나라에서도 이 땅에서의 삶을 기억한다. 그러나 더이상 어머니나 형제가 아니다. 완성된 새하늘과 새 땅에서는 모두가 동등한 관계이다.
하나님의 말씀을 듣고 행하는 이 사람들. 천국의 형제 관계는 무엇으로 이루어질까? '말씀'으로 이루어진다. 말씀을 듣고(이 당시에는 문맹이 많고 책도 적어서 읽기 보다는 듣기가 주된 방법이었다. 그러나 오늘날은 읽기가 더 중요할 것이다) 행하는 사람이 예수님의 형제가 된다. 예수님과 함께 영원토록 거하는 사람이 된다.

8:22-9:50 *예수님의 권위.* 예수님의 권위가 자연과 악령과 죽음 위에 있음을 말한다. 오빵이어 기적을 통해 세상의 결핍을 넘어서는 권위를 말한다. 그러한 분이 자신이 죽으셔야 하는 것을 말씀한다. 예수님의 권위는 변화산의 영광으로 절정을 이루며 변화산 아래에서 다시금 능력이 문제가 아님을 이야기하신다.

8:23 광풍이 호수로 내리치매. 갈릴리는 호수이다. 그런데 서쪽으로 골짜기가 있어 그곳으로 바람이 모여서 호수로 불어올 때가 있다. 겨울에는 동쪽에서 부는 바람이 강하였다. 심할 때는 2m 이상의 파도가 쳤다. 10 명 정도가 타는 작은 배는 큰 파도에 매우 취약하였을 것이다. 배가 위태하였다. 그런데 예수님은 주무셨다. 열심히 일하셨다는 뜻일 것이다.

8:24 주여 우리가 죽겠나이다. 큰 시련을 만나면 사람들이 이렇게 기도한다. 어려움을 만나 천국인은 기도를 배운다. **예수께서 잠을 깨사 바람과 물결을 꾸짖으시니 이에 잔잔하여지더라.** 천국인은 기도할 때 하나님께서 상황을 바꾸시는 것을 경험한다. 천국 왕의 권위와 위엄을 더 경험하게 된다.

8:25 제자들에게 너희 믿음이 어디 있느냐. 예수님은 광풍 가운데서 제자들이 두려워하지 않았어야 한다고 말씀하신다. 천국 믿음을 가진 사람도 광풍을 만날 것이다. 그러나 그것을 두려워하지 않을 수 있다. 제자들이 지금은 실패하였지만 언젠가는 성공해야 한다. 광풍을 만나지 않는 것이나 광풍을 만나 그치게 하는 것이 아니라 광풍을 만나 두려워하지 않는 것이 성공이다.

8:27 무덤 사이에 거하는 자. 아주 이상하게 살고 있다. 많은 문제를 가지고 있었을 것이다.

8:30 군대. '군단'이라는 의미다. 당시 로마 군대의 단위다. 본래는 1000명으로 이루어졌으나 신약 시대에는 6천명으로 구성되기도 하였다. 악령이 그렇게 대답한 것은 한 사람 안에 천 명 이상의 악령이 있다는 의미일 것이다. 로마 군단 군대처럼 강하다는 의미도 담고 있을 것이다.

8:32 돼지에게로 들어가게 허락하심을 간구하니. 악령들은 엄청 많고 강하였으나 예수님께는 많음이 전혀 문제가 되지 않았고 강함도 전혀 문제가 되지 않았다. 악령들은 예수님 때문에 더 이상 이 사람 안에 있을 수 없음을 알아채고 돼지 떼로 들어갈 수 있도록 허락을 구하였다.

8:37 예수께 떠나가시기를 구하더라. 사람들의 반응은 더 놀랍다. '왜 우리 마을에 와서 문제를 만드냐고 빨리 자신들에게서 떠나라'고 요청하였다. 거라사 마을 사람들은 왜 예수님께 자신의 마을을 떠나 달라고 요청하였을까? 그들의 재산이 손해 보았기 때문이다. 더 손해를 볼 것이 걱정되었기 때문이다. 그들이 바라는 것은 천국이나 세상을 구원하시는 예수님이 아닙니다. 그들은 단지 오늘 부족한 것이 없고 행복하게 사는 것이다. 거라사 사람들의 문제는 그들의 행복을 위해 많은 것을 요구한 것이 아니라 너무 적은 것을 요구한다는 것이었다.

8:41 발 아래에 엎드려. 회당장은 당시 사회적으로 상당한 지위가 있는 사람이다. 이러한 그의 모습은 딸이 죽어 가기 때문에 할 수 있는 당연한 모습이기도 하지만 또한 예수님을 향한 작은 믿음의 표현이기도 하다.

8:44 옷 가에 손을 대니. 아마 겉 옷 네 모퉁이에 있는 '옷 솔'을 말할 것이다. 손가락 크기의 실로 네 가닥이 나와 있는 솔이다. 옷 입은 사람은 주변 사람이 그 솔을 건들어도 잘 인식하지 못할 것이다. 그래서

여인은 그 솔만 살짝 만지기로 결심했으리라. 떨리는 마음으로 여러 번의 망설임과 실패 이후 간신히 옷 솔을 만지는데 성공하였을 것이다. 그리고 놀랍게도 여인은 '혈루증이 즉시 그친 것'을 느낄 수 있었다.

8:45 내게 손을 댄 자가 누구냐. 누군지 모르셔서 가 아니라 그 여인을 위한 질문이셨다. 영문을 모르는 제자들은 '무리가 밀려들어 미나이다'라고 대답하였다. 그러나 주님의 얼굴은 그 여인을 향하고 있었을 것이다.

8:47 떨며 나아와. 혈루증이 있는 부정한 여인이 유대인 남자를 만졌으니 아주 큰일났다.

8:48 딸아 네 믿음이 너를 구원하였으니. 예수님은 여성이 자신의 옷 솔을 만지고 병이 고쳐진 것을 드러내며 두 가지를 교정하여 주셨다. 여성은 자신이 예수님의 옷을 만져서 병이 고쳐진 줄 알 것이다. 그러나 옷이 아니라 예수님께서 고쳐 주신 것이다. 그가 옷을 만진 단순한 사실이 아니라 믿음으로 그러한 일을 하였기 때문에 고침을 받은 것이다. 여인이 예수님의 가르침에 믿음으로 응답하였기 때문에 예수님께서 고쳐 주신 것이다.

8:49 당신의 딸이 죽었나이다. 예수님께서 회당장의 집으로 가시다가 혈루증 걸린 여인 때문에 잠시 지체되었다. 그 사이 딸의 죽음 소식이 전해졌다. 회당장의 마음은 얼마나 아팠을까? 예수님이 조금만 더 서둘러서 가셨으면 하는 마음과 혈루증 여인에 대한 원망까지 수많은 마음이 교차하였을 것이다.

8:50 두려워하지 말고 믿기만 하라. 회당장에게 믿음을 요구하신다. 예수님을 찾아온 것은 믿음이 있었기 때문이다. 그런데 죽음으로 인하여 흔들렸을 것이다. 그 곳에서도 여전히 믿음이 요구되었다.

8:54 아이야 일어나라. 아람어로는 우리들이 잘 알고 있는 '탈리에타 쿰'이다. 이 두 단어로 된 말씀에 소녀가 일어났다. 제자들은 아마 이 두 단어가 들려지던 그 순간을 잊지 못하게 될 것이다. 소리와 크기와 공명과 방의 분위기 등 모든 것을 기억하게 될 것이다. 죽은 자가 일어나는 신비한 일이 일어났다. 그러나 그것은 일어날 수 없는 일이 아니다. 죽음과 생명의 권세를 가지신 예수님께서 비록 작지만 믿음으로 나아가는 회당장을 보시고 긍휼을 베푸신 현장이다. 믿음은 참으로 놀라운 일을 가능하게 한다.

9 장

9:2 하나님 나라를 전파...내보내시며. 예수님은 폭풍을 잔잔하게 하시고, 악령을 쫓아 내시고, 죽은 자를 살리심으로 자신이 누구이신 지를 사람들에게 분명히 알리셨다. 예수님의 힘과 권위를 이제 제자들에게 주셔서 그들을 파송하신다. 중요한 것은 하나님 나라를 전파하는 것이다. 힘과 권위가 주어졌든 주어지지 않았든 하나님 나라를 전파해야 한다. 하나님 나라는 늘 복음이기 때문이다.

9:4 어느 집에 들어가든지 거기서 머물다가 거기서 떠나라. 더 좋은 다른 집이 있으면 그곳으로 옮기는 것이 아니라 처음 들어간 곳에서 머물러야 한다. 자신을 위하여 그곳에 있는 것이 아니라 복음을 위하여 그곳에 있기 때문이다.

9:5 영접하지 아니하거든. 복음을 전하여도 그것이 복음임을 모르기 때문에 반드시 배척하는 사람들이 있을 것이다. 배척을 이상하게 생각하지 말아야 한다. 전하는 이는 전할 책임이 있고 배척은 전하는 이의 책임이 아니라 배척하는 이의 책임이다. **발에서 먼지를 떨어버려.** 분리 표시이다. 유대 전통은 유대인들이 이방의 땅을 떠날 때 이러한

행동을 하였다. 여기에서는 복음을 받아들이지 않는 이들에 대해 하나님의 백성이 아님을 상징하는 것이며 그러기에 이것은 심판을 상징하기도 한다. 후에 바울과 바나바는 비시디아 안디옥을 떠날 때 이렇게 행동하였다(행 13:51).

9:9 이 사람이 누군가 하며 그를 보고자 하더라. 갈릴리 지역의 왕인 헤롯 안티파스는 제자들이 전하는 천국과 예수님에 대한 소식을 듣고 예수님에 대해 궁금해하였다. 제자들은 자신들을 알리지 않고 예수님을 알렸다. 그래서 제자들이 아니라 예수님이 유명해지셨다. 제자의 사역은 천국과 예수님을 전하는 사역이다. 만약 제자가 자신을 위하고 자신의 이름을 알리는 사역을 한다면 그것은 잘못된 것이다. 오늘날 사람들이 제자라 하면서 자신들의 이름이 유명하고 자신들이 편안하게 사는 것을 본다. 그것은 예수님의 제자가 아니다. 성공한 사업가일 뿐이다.

9:10 벳새다. 이 당시에 3 곳의 벳새다가 있었다. 막 6:45 에서는 예수님이 오빵이어(떡이 아니라 빵이다) 기적를 행하신 이후 벳새다로 가셨다고 말한다. 기적을 행하신 후 가신 벳새다는 호수의 북서쪽에 위치한 오늘날 오빵이어 기념교회가 세워져 있는 곳이다. 누가복음에서 말하는 오빵이어의 기적이 일어난 벳새다는 갈릴리 호수의 북동쪽 해안에 위치한 마을이다. 기적을 행하신 곳은 마을 근처의 갈대가 무성한 평원일 것이다. 또 하나의 벳새다는 이두래와 드라고닛 지역의 왕 헤롯 빌립이 해안에서 북쪽으로 2.5km 에 위치한 곳에 새로 지은 신도시다.

9:12 마을로 보내어 먹을 것을 얻게 하소서. 저물어 가자 제자들은 사람들을 빨리 돌려보내야 한다고 말하였다. 그러나 예수님은 그들의 지친 모습을 보시고 직접 주시고자 하셨다.

9:16-17 떡 다섯 개와 물고기 두 마리를 가지사...무리에게 나누어 주게 하시니 먹고 다 배불렀더라. 대체 어떤 일이 일어난 것일까? 이 이야기는

사복음서 전체에 기록되어 있지만 빵과 물고기가 불어나는 방식은 설명하지 않았다. 엄청난 신비였을 것이다.

오빵이어의 충격적 사건은 당시 사람들에게는 '먹을 것의 채움'이라는 잘못된 방향으로 흘렀지만 이후에 신앙인들은 이 사건을 명확하고 중요하게 기억하였다. 이후 기독인들은 그들을 대표하는 상징으로 물고기를 사용하곤 하였다. 물고기가 헬라어로 '익투스'(ΙΧ ΘΥΣ)다. 익투스는 '예수 그리스도 하나님의 아들 구원자(Iēsous Christos theou huios, Sōtēr)'의 첫 글지를 모은 것과 같다. 오빵이어 사건은 예수님이 어떤 분이신 지를 아주 분명하게 드러냈다.

세상이 목숨 거는 그 일에 우리는 목숨 걸지 않아도 된다. 이제 우리는 오직 천국에 목숨 걸어야 한다. 세상나라 사람들이 먹고 사는 문제로 목숨 걸고 살아갈 때 신앙인은 '익투스'를 기억하면서 천국과 복음에 목숨 걸고 살아야 한다. 세상 사람들이 목숨 걸고 사는 것은 오늘 하루의 양식이라면 익투스를 아는 사람들이 목숨 거는 천국은 영원한 양식이다.

9:21 아무에게도 이르지 말라. 베드로는 정답을 맞혔다. 그런데 예수님께서 '이 말을 아무에게도 이르지 말라'하셨다. 왜 그러셨을까? 사람들이 생각하는 '그리스도론'의 오류 때문이다. 사람들은 당장 좋은 것만 생각하는 경향이 강하다. 구약 성경에는 메시야가 '다윗의 후손'이며 또한 '고난 받는 종'이라고도 말한다. 그러나 사람들은 고난 받는 종에 대해서는 거의 생각하지 않고 '다윗의 후손'으로 왕으로 와서 그들을 구원할 왕만 생각하였다.

9:23 자기를 부인하고 날마다 제 십자가를 지고. 예수님을 따르기 위해서는 '자기 부인'이 필요하고 '자기 십자가'의 고난이 필요함을 말씀하셨다. 자기 부인은 가장 어려운 일이다.

9:24 나를 위하여 제 목숨을 잃으면 구원하리라. 사람의 목적을 정확히 알아야 한다. 사람은 자신의 '행복'을 원한다. 그런데 그 행복은 어디에서

올까? 아담과 하와는 행복을 찾아 하나님의 뜻을 거절하고 자신의 생각대로 행하여 타락하였다. 오늘날에도 사람들은 자신들의 행복을 찾아 모든 것을 행한다. 그러나 그 안에는 답이 없다. '구원하리라'는 우리가 찾는 행복에 대한 말씀이다. 자기 자신의 진정한 행복을 위해서는 자기를 위한 선택이 아니라 '그리스도를 위하여'라는 목적을 가져야 한다. 방식은 '자신의 목숨을 잃는 것'이다. '자신을 부인하는 것'이다.

9:25 사람이 만일 온 천하를 얻고도 자기를 잃으면 무엇이 유익하리요. 행복을 찾아 모든 노력을 기울여 혹 천하에 있는 모든 것을 얻어도 그는 죽는다. 세상의 영웅들을 보라. 세계를 통일하였어도 죽었다. 예수님은 사람들이 행복을 위해 천하를 얻을 것이 아니라 '자기 자신을 잃어' 결국 '자기 자신을 얻어야' 한다고 말씀하신다.

9:28 팔 일쯤 되어. 고난받아야 함에 대한 말씀을 하신 이후 기간이다. 고난과 예수님의 변화산 사건이 연결되어 있다는 것을 볼 수 있다. **기도하시러 산에 올라가사.** 이 산은 아마 헤르몬 산일 것이다. 해발 2814m(백두산은 2750m)로 이 지역에서 가장 높은 산이다. 여름만 빼고는 주로 눈이 덮여 있는 높은 산이다. 산에서 하루를 보내고 다음날 내려오신 것을 보면 꽤 높이 오르신 것 같다.

9:35 나의 아들 곧 택함을 받은 자니. 예수님께서 세례 받으실 때 하늘에서 들렸던 음성과 같다. 세례 받으심이 사역의 시작을 알리는 위임식과 같았다면 변화산에서의 음성은 사역에서 가장 중요한 길(마지막 예루살렘으로의 길)을 가야 하는 시점에서 하나님의 영광의 인침과 같다.

9:37 이튿날 산에서 내려오시니. 변화산에서 놀라운 일이 있었다. 영광스러운 일이다. 좋은 기분으로 내려왔는데 산 아래에서는 엉뚱한 일이 벌어지고 있었다. 시끄러웠다. **큰 무리가 맞을새.** 예수님이 제자 세

명과 함께 산에 올라가셨을 때 남은 제자들은 왜 내려오시지 않나 하면서 기다렸다. 그런데 그 사이에 사람들이 몰려들었다.

9:41 믿음이 없고 패역한 세대여. 변화산 아래에서의 사건은 모세가 시내산에서 십계명이 새겨진 돌을 가지고 내려왔을 때와 매우 비슷하다. 그때 이스라엘 백성들도 시내산 아래에서 매우 시끄럽게 있었다. 그들은 금송아지를 만들고 예배하였다. 하나님의 이름을 부르고는 있었으나 실제로는 믿음이 없었다. 지금 변화산 아래에서도 비슷하다. 악령을 쫓기를 원하였으나 제자들은 쫓아내지 못하였다. 그 과정에 그들은 하나님의 이름을 불렀을 것이다. 그러나 그 안에 제대로 된 믿음이 없었다. 그래서 예수님은 그들을 보시고 '믿음이 없다'고 말씀하신 것이다.

9:44 장차 사람들의 손에 넘겨지리라. 능력이 드러난 그 시점에 말씀하심으로 예수님께서 잡히시는 것이 능력이 없어서 가 아님을 가르치시는 것이다.

9:48 모든 사람 중에 가장 작은 그가 큰 자니라. '가장 작은 자'는 '가장 낮추는 자'다. 가장 낮춘다는 것은 그만큼 낮춤으로 많은 사람을 섬겼다는 것을 의미한다. 그렇게 낮은 자세로 사람들을 섬기는 것이 많아야 큰 자라고 말씀하셨다. 작은 일하며 무명한 사람이 큰 사람이라 말씀하셨다. **내 이름으로 어린 아이를 영접하면 나를 영접함이요.** 어린아이를 돕는 작은 일도 그리스도를 사랑하며 순종하는 마음으로 하면 그 일이 고스란히 예수님을 돕는 일만큼이나 귀한 일이 된다. 그렇게 예수님을 도왔으니 진정 큰 자이다.

9:51-19:44 *변화산에서 예루살렘까지의 여정.* 영광의 주께서 죽으시기 위해 예루살렘으로 가시는 긴 여정을 말한다.

9:51 승천하실 기약이 차가매. 예수님이 십자가에서 죽으시고 부활하셔서 승천하실 참으로 중요한 일이 다가옴을 아시고 예루살렘으로 가고자 하셨다. **굳게 결심하시고.** 문자적으로 '그의 얼굴을 고정하다'. 이것은 '무언가를 하겠다는 확고하고 흔들리지 않는 결의'를 말하는 셈어 관용구다. 예수님은 그 길이 매우 어렵지만 마음을 확고히 정하시고 그 길을 시작하셨다.

9:53 예루살렘을 향하여 가시기 때문에. 유대인(요한 히르카누스 왕)이 사마리아의 그리심산에 있는 성전을 주전 128 년에 무너뜨렸다. 그러기에 사마리아 사람들은 자신들의 성전(예루살렘)에 절기를 지키러 가는 유대인들을 좋게 생각하고 편의를 봐주지 않았다. 그래서 유대인인 예수님이 전하는 천국에 대해서도 환영하지 않았다.

9:54 우리가 불을 명하여...멸하라 하기를 원하시나이까. 그들은 변화산에서의 예수님을 보았다. 예수님께서 메시야라는 것을 믿었다. 그래서 엘리야가 불을 명하여 군사들을 멸하였던 것(왕하 1:9-16)을 알기에 그것을 흉내 내고 있는 것이다. 예수님은 엘리야보다 더 큰 선지자이니 그런 일은 쉽게 할 수 있다고 생각하고 있는 것이다. 예수님의 영광에 한껏 고무된 야고보와 요한의 말은 믿음이 있는 것 같고 멋있게 보이기도 한다. 그러나 허세다.

9:55-56 예수님은 야고보와 요한의 믿음처럼 말하는 것을 꾸짖으시고 조용히 다른 마을로 발길을 돌리셨다. 세상의 분노에 흔들리지 않으셨다. 예수님께서 무엇에 마음을 굳게 결심하셨는지를 보아야 한다. '복음'이다. '구원'이다. 예수님 일행을 거절하는 사마리아 사람들에게 불을 내리면 멋있을 것 같지만 실상은 그렇지 않다. 그것은 구원과 전혀 상관없는 행동이다. 사마리아 사람들이 불에 타 죽는 것이 어찌 복음이 될 수 있겠는가? 오히려 복음에 역행하는 일이다. 흥분되면 아이들도 과하게 행동한다. 신앙인이 신앙에 흥분되면 과하게 행동하는 경우를 본다.

믿음으로 무엇이든 할 수 있다는 생각에 믿음으로 세우는 것이 아니라 파괴하려는 경향을 본다..

9:57 어떤 사람이 어디로 가시든지 나는 따르리이다. 이 사람은 아마 예수님과 함께 가던 사람일 것이다. 조금은 거리를 두고 따르던 대중에 속해 있었을 것이다. 예수님의 모습을 조금 멀리서 지켜보다가 드디어 결정을 내렸다. 그 결정을 보고 예수님은 헌신에 대해 말씀하셨다.

9:58 인자는 머리 둘 곳이 없다. 이 사람은 어쩌면 지금 제자들처럼 헛된 영광에 사로잡혀 있을 것이다. 그의 마음을 아시는 예수님의 대답에서 그의 마음을 엿볼 수 있다. 예수님은 지금 가시는 길이 꽃 길이 아니라 가시밭 길임을 말씀하셨다. 신앙을 꽃 길로 생각하는 사람이 있다. 그러면 조금만 힘들면 넘어질 것이다. 꽃 길 신앙은 좋은 것 같지만 실상은 복음의 장애물이 될 것이다. 세상과 우리는 죄가 많기 때문에 신앙의 길이 꽃 길일 수 없다. 철저히 자기 자신을 부인하는 가시 밭 길임을 알아야 한다.

9:59 나를 따르라. 예수님께서 지금까지 따르던 사람에게 하신 말씀인지 아니면 새로 만난 사람을 향한 것인지는 정확하지 않다. 이 사람은 따를 수 없는 중대한 이유를 말합니다. **내 아버지를 장사하게 허락하옵소서.** 이것이 어떤 상황인지는 정확하지 않다. 많은 추측이 있을 뿐이다. 일반 상황을 생각하면 안 될 것 같다.

9:60 너는 하나님의 나라를 전파하라. '아버지의 장례'는 매우 중요하다. 그러나 예수님은 그것보다 하나님 나라 전파가 중요하다 말씀하신다. 이것은 장례식이 중요하지 않다는 의미가 아니라 하나님 나라 전파가 중요하다는 의미이다. 오늘날 누가 부모 장례식을 치르느라 예배에 참석하지 못한다면 나는 마땅히 그렇게 하라고 말할 것이다. 그러나 마음은 하나님 나라가 더 중요하다는 것을 기억해야 한다. 세상의 이유가 때론 매우 합당한 것 같으나 실상은 그렇지 않을 때가 많다.

9:61 나로 먼저 내 가족을 작별하게 허락하소서. 이번에는 장례식을 치르는 경우처럼 많이 기다릴 필요가 없다. 앞의 경우 어쩌면 아직 장례가 안 일어난 경우일 수도 있고, 아니면 1 년의 기간이 필요한 두 번의 장례식을 의미하는 것일 수도 있다. 이번의 경우는 작별 인사만 하면 된다. 아주 짧은 시간만 기다리면 된다. 그러나 예수님은 또 단호하게 말씀하신다.

9:62 쟁기를 잡고 뒤를 돌아보는 자는 하나님의 나라에 합당하지 아니하니라. 이 사람의 대답이 쟁기를 잡고 뒤를 돌아보면서 일을 하는 사람과 같다는 말씀이다. 작별인사를 허락하지 않으셨다. 이것도 이 사람의 마음을 보시는 예수님의 대답일 것이다. 하나님의 나라 전파는 어떤 것보다 더 시급하다는 것을 말씀하는 것이기도 하다. 사실 현실적으로 그렇게 인사하면서 마음이 바뀌는 경우가 많다.

마음을 단단히 먹어야 한다. 마음을 단단히 먹지 않으면 하나님의 나라는 세상의 이러저러한 이유로 인하여 차순위로 밀릴 것이다. 아예 뒤로 밀릴 것이다. 오늘날 현실을 보라. 사람들이 하나님 나라를 위해 살지 않는 이유들은 모두 합당하다. 먹고 살기 바쁘고, 자식을 위하고, 손자손녀를 위한다. 건강 때문이다. 시간이 없다. 얼마나 많은 이유가 있는지 모른다. 다 맞는 이유다. 합당한 이유다. 그러나 사실 하나님 나라를 모르기 때문에 그렇게 말하는 것이다.

10 장

10:1 칠십 인. 성경 사본에 따라 72 인으로 기록된 것도 있다. '칠십 인'이라는 숫자는 '세상 모든 민족'을 상징한다. 창세기 10 장을 보면 노아의 아들들의 족보가 나온다. 그곳에 나오는 족속이 70 개(구약을 헬라어로 번역한 칠십인역은 72 개)가 나온다.

70 인을 보내신 것은 세상 모든 곳을 향한 복음 전파를 상징과 작은 실제로서 나타내고 있다. 앞에서 12 명의 제자를 파송할 때는 이스라엘 마을로 한정하였다. 그러나 70 인 파송에서는 장소적 제한이 없다. 세상 모든 곳을 향한 복음전파이다.

10:2 추수할 것은 많되. 예루살렘으로 마지막 길을 가시는 주님 앞에 세상은 온통 선교지였다. 복음이 사람들에게 전해져야 한다. 복음은 사람들에게 생명보다 더 중요하기 때문이다. **일꾼이 적으니.** 72 인을 보내신다 하여도 여전히 사람이 적다. 그들이 마을로 들어가서 며칠씩 머무르며 복음을 전하여도 갈릴리에 있는 마을도 다 감당하지 못할 것이다. 늘 일꾼이 부족하다.

10:3 어린 양을 이리 가운데로 보냄과 같도다. 제자들이 마을로 가서 복음을 전한다는 것이 때로는 위험하였다. 정치적인 이유와 수많은 이유로 복음을 적대시하는 사람들이 있다. 그래서 복음을 전한다는 것이 위험하다.

10:4 길에서 아무에게도 문안하지 말며. 이것은 급박함을 의미한다. 길에서 노닥거릴 시간이 없다. 집에 가서 하늘의 샬롬인 복음을 전해야 한다. 복음은 늘 시급성이 있다. 이 당시 복음을 전하고 듣는 것이 급박하였다. 어떤 사람은 그때 처음이자 마지막으로 듣는 것일 수 있다. 우리 주변에서 사람은 늘 죽어가고 있다. 기회도 흔히 주어지는 것이 아니다. 그래서 복음은 늘 급박하다.

10:6 평안을 받을 사람이 거기 없으면 너희에게로 돌아오리라. 복음을 전하는 것은 매우 귀하다. 사람들이 전하는 복음은 결코 헛되지 않다. 복음을 들은 사람이 받아들이지 않으면 땅에 떨어지는 것이 아니라 그것을 전한 사람에게 돌아와서 그 사람 안에서 열매를 맺는다.

10:16 내 말을 듣는 것이요. 신앙인이 전하는 복음을 받아들이지 않는 것이 작은 문제 같지만 실상은 하나님의 말씀을 거부하는 것이다고

말씀한다. 신앙인이 전하는 복음은 결국 생명이다. 복음을 전하는 우리의 입술과 행동은 하나님의 대리인이다. 참으로 중요하다.

10:19 제일 앞 부분에 '보라'가 생략되어 있다. 강조하는 단어다. **권능을 주었으니.** 제자들은 '뱀과 전갈을 밟으며' '원수의 모든 능력을 제어하며' '어떤 것도 제자를 해칠 수 없는' 권능을 받았다. 앞으로 그것을 명심해야 한다. 이 말이 안 맞는 것 같은 상황을 나중에 맞이하게 될 것이다. 그러나 권능은 변함이 없다. 세상에서 핍박을 당하든 순교를 당하든 구원을 이루어 가는 일에 있어서는 늘 승리할 수 있는 권능을 받았다.

10:20 **귀신들이 너희에게 항복하는 것으로 기뻐하지 말고 너희 이름이 하늘에 기록된 것으로 기뻐하라.** 악령들이 제자들에게 항복하니 매우 신기하고 놀라운 일이다. 그러나 그 상황에서 중요한 것이 무엇인지는 분명하게 알아야 한다. 중요한 것은 '자신들의 이름이 하늘에 기록된 것'이다.
'하늘에 기록되었다'는 것은 천국 시민으로 등록되었다는 의미다. 대한민국 국민이 아기를 낳으면 주민등록을 하는 것처럼 우리의 이름이 하나님 나라에 등록되었다는 말이다. 일보다 더 중요한 것은 존재다. 제자들이 복음을 전하는 일을 하고 있다. 그것은 중요한 일이다. 그런데 여전히 더 중요한 것은 그들이 하나님의 백성이 되어야 한다는 사실이다.

10:21 **지혜롭고 슬기 있는 자.** 자칭 똑똑한 사람들이다. **어린 아이.** 어린 아이 같이 낮은 자리에서 찾는 사람이다. 자신의 선입견과 화려한 위치 등을 내려놓고 진리와 구원을 찾는 사람이다.

10:22 **계시를 받는 자.** '나'로부터가 아니라 '위로'부터 주어지는 계시로 알 수 있도록 겸손히 찾아야 한다.

10:23 너희가 보는 것을 보는 눈은 복이 있도다. 예수님의 말씀과 행하심을 보고 있는 그들의 눈은 참으로 큰 복이다. 얼마나 놀라운 일을 보고 있는 것인가? 창조주께서 친히 사람이 되어 오셔서 그들을 만나고 계신 것이다. 구약 성경에서는 많은 선지자와 왕들이 메시야가 오시는 것을 기다렸다. 그것을 보고 싶어 했다. 그러나 그들은 보지 못하였고 제자들은 보고 있다. 그런데 그렇게 보고 있는 것이 얼마나 놀라운 광경인지 잘 모르고 있었다.

10:25 내가 무엇을 하여야 영생을 얻으리이까. 이 질문은 당시에 많은 사람들이 하던 질문이다. 이 질문은 비록 예수님을 시험하기 위한 질문이지만 매우 좋은 질문이다. 나는 오늘날 사람들이 이 질문을 하지 않는 것이 참으로 안타깝다. 우리는 이 질문을 해야 하고 씨름하고 해답을 얻어 그 해답에 따라 살아야 한다.

10:26 율법에 무엇이라 기록되었으며. 예수님의 질문처럼 우리는 성경에서 답을 찾아야 한다. 성경에서 찾아야 영원한 진리를 얻을 수 있다.

10:27 사랑. 하나님을 사랑하고 이웃을 사랑하는 것이 영생을 얻는 방법이라 대답하였다. 그의 대답을 예수님께서 '네 대답이 옳도다'라고 말씀하셨다.

10:28 이를 행하라 그러면 살리라. 그렇게 살 수 있도록 구체적인 방법을 알려주신다.

10:36 이웃. 사랑의 구체적 대상이다. **강도 만난 자의 이웃.** 그냥 지나간 제사장이나 레위인이 아니다. 사마리아 인이다. 당시 유대인들은 사마리아 인을 이웃으로 여기지 않았다. 사마리아 인도 당연히 유대인을 싫어하였다. 그런데 사마리아 인이 유대인에게 도움을 주었을 때 진정한 이웃이 된다. 이웃 사랑이 된다. **너도 이와 같이 하라.** 이웃 사랑은 행동하는 것이다. 이웃 사랑은 사마리아 인처럼 자기 손해를 보면서

행동하는 것이다. 싫어하는 민족임에도 불구하고 돕는 것이다. 우리가 이러한 이웃 사랑에 실패하면 구원에도 실패한다. 이웃 사랑은 선한 일을 넘어 영생의 일이다.

10:39 주의 발치. 제자가 되어 들을 때 이 단어를 사용한다. 마리아가 마치 예수님의 제자가 된 것처럼 말씀을 듣고 있었다는 것을 의미한다. 당시 여인이 남자들의 틈에 끼어 앉아 말씀을 듣고 있는 것은 꼴불견으로 여겼다. 미쉬나에는 '아버지가 딸에게 율법을 가르치는 것은 호색을 가르치는 것과 같다'는 글이 있다. 말씀을 듣고 있는 마리아와 여인에게 가르치고 있는 예수님까지도 일반적인 모습이 아니었다. 비난받을 수 있는 일이었다.

10:40 주여 내 동생이 나 혼자 일하게 하는 것을 생각하지 아니하시나이까. 마르다는 자신 있게 예수님께 말하였다. 마르다는 자신의 처지를 예수님이 왜 돌보지 아니하시고 그렇게 말씀만 하고 계시는지 물었다. **그를 명하사 나를 도와주라 하소서.** 마리아가 있어야 할 곳은 예수님의 발치가 아니라 주방이라고 강하게 말하고 있다.

10:41-42 네가 많은 일로 염려하고 근심하나. 마르다가 걱정하고 근심하는 것이 많으나 실제로 필요한 것은 '하나'라고 말씀하셨다. **마리아는 이 좋은 편을 택하였으니.** 마리아는 손님 맞이를 위한 분주한 일보다 예수님의 말씀을 듣는 것을 선택하였다. 그것은 잘한 선택이다. 일도 중요하다. 그러나 말씀을 듣고 깨닫는 것은 더 중요하다. 예배시간에 일하고 있으면 안 된다. 일하느라 말씀을 놓치고 있으면 안 된다. 예배하는 것이 더 중요하기 때문이다.

11 장

11:1 우리에게도 가르쳐 주옵소서. 우리도 제자들처럼 예수님께 우리의 기도를 가르쳐 달라고 요청해야 한다. 감사하게도 이미 예수님께서 가르쳐 주셨다. 다시 가르쳐 달라고 할 것이 아니라 그 내용을 잘 살펴보아야 한다.

11:2 아버지여. 언제든지 하나님을 부르며 하나님 앞에 서야 한다. 하나님의 이름을 부르는 순간 우리는 하나님 앞에 서게 된다. **이름이 거룩히 여김을 받으시오며.** 우리의 기도는 '하나님의 이름이 거룩히 여김을 받기를'을 원해야 하고 관심을 가져야 한다. 하나님을 찬양하는 것은 모든 기도의 처음이요 핵심이다. 기도의 시작은 하나님을 향한 관심이다. 하나님께 관심을 기울이고 하나님의 영광에 관심을 기울여야 한다. **나라이 임하시오며.** 두 번째 관심은 '하나님의 나라'이다. 하나님의 나라가 자신 안에 이루어지고 주변에 이루어지도록 기도해야 한다.

11:3 일용할 양식을 주시옵고. 우리에게 필요한 것을 하나님께서 아시지만 우리는 또한 구해야 한다. 나는 이 부분에서 하루 일과를 가지고 기도한다. 자신의 모든 삶을 가지고 어찌 살아야 할지를 기도해야 한다.

11:4 우리 죄도 사하여 주시옵고. 죄에 대해 구체적으로 기도해야 한다. 하나님의 죄 용서에 감사하며 또한 죄에 패하지 않도록 기도해야 하며 죄와 싸워 이기도록 기도해야 한다. 죄 항목으로 7 대 죄를 가지고 기도하면 좋다. **시험에 들게 하지 마시옵소서.** 시험에 들면 한 순간에 모든 것이 무너진다. 우리는 약하다. 그래서 시험의 순간 무너지지 않도록 늘 깨어 있으며 하나님을 의지해야 한다.

11:5 떡 세 덩이를 내게 꾸어 달라. 이 시대에 가정에서 빵을 매일 굽지 않은 것 같다. 빵을 구워 며칠을 두고 먹었다. 손님을 맞이한 집은 빵을 군지 며칠이 지나 빵이 떨어져 최근에 빵을 군 집으로 빵을 꾸러 갔다.

작은 마을에 살고 있던 사람들은 마을에서 최근에 빵을 구워 아직 여유가 있을 곳이 어떤 집인지 잘 알고 있었을 것이다.

11:8 간청함을 인하여. '간청함'을 손님을 맞이한 사람으로 해석한 경우이다. 그런데 잠자는 자의 상태로 해석할 수도 있다. 잠자는 자가 환대에 실패한 자신의 '불명예'에 대한 두려움 때문에 일어나는 것일 수도 있다. 이런 경우라면 하나님께서 자신의 영광을 위하여 기도를 응답하여 주신다는 의미가 된다. 만약 벗 됨과 간청의 비교라면 나는 벗 됨이 더 강한 힘을 가지고 있다고 생각한다. 그러기에 '벗 됨'과 '자신의 불명예'라는 비교로 볼 때 해석에 타당성이 있다.

기도와 연결시켜 생각해 보면 하나님은 '기도하는 사람'의 무엇 때문이 아니라 '하나님'의 무엇 때문에 요청을 들어주신다는 것이다. 기도하는 사람이 틀렸어도 하나님은 옳으신 분이다. 기도하는 사람이 부족하여도 하나님은 참 좋으신 분이다. 기도하는 사람이 아니라 하나님의 명예를 위해서라도 기도에 응답하신다. 우리의 기도는 나 때문이 아니라 하나님 때문에 응답이 있다. 그러니 자신의 부족함을 생각하며 머뭇거리지 말고 하나님의 은혜를 생각하며 하나님께 기도해야 한다.

11:9 이 구절은 앞의 내용과는 다른 것이다. 이 구절에서는 기도해야 함을 말씀하는 것이다. '구하라' '찾으라' '문을 두드리라'고 말씀한다. 계속 무엇인가를 시도하는 것이나. 기도는 해야 한다. 기도는 하나님을 신뢰하고 의지하는 것이 표현되는 것이다. 대화를 시도해야 한다. 그냥 대화가 아니라 이 대화가 없으면 우리가 어디로 가야 할지도 모르고 살아갈 힘도 없음을 기억하고 계속 기도해야 함을 말하는 것이다. 기도해야 기도의 유익을 얻는다.

11:12 알을 달라 하는데 전갈을 주겠느냐. 매우 생뚱맞게 들린다. 그런데 알과 전갈이 모양이 조금은 비슷할 수 있다. 전갈이 꼬리와 발을 오므리면 흡사 알처럼 보이기도 한다.

11:13 악할지라도 좋은 것을 자식에게 줄 줄 알거든. '알을 달라'하는데 '전갈'을 주지 않으실 것이다. 또한 '전갈을 달라'고 하면 전갈을 주지 않으신다. 하나님은 늘 더 좋은 것을 주신다. 기도할 때 우리가 알아야 하는 것은 하나님은 우리보다 더 지혜로우시다는 사실이다. 그래서 우리가 요구한 대로 주시는 것이 아니라 더 지혜롭게 주신다. 하나님은 우리가 상상할 수 있는 모든 것보다 더 좋은 계획을 가지고 계신다. 참으로 기도를 하나님과 대화하는 것이라 생각하고 하나님을 존중한다면 내가 요구하는 것을 하나님께서 다 들어주셔야 하는 것처럼 착각하지 말아야 한다

11:14-13:35 *반대와 핍박:* 하나님 나라와 예수님에 대한 반대와 핍박 그리고 그것을 이겨내는 것에 대한 이야기다.

11:14 귀신을 쫓아내시니. 악령을 쫓아내시는 일은 하나님 나라의 특징이다. 그러나 예수님을 비난하는 사람들은 그것마저 트집을 잡았다.

11:17 스스로 분쟁하는 나라마다 황폐하여지며. 어떤 나라이든 안에서 분쟁이 있으면 무너진다. 유대인들은 이것을 더욱더 뼈저리게 알고 있는 사람들이다. 이스라엘에 세워졌던 하스모니안 왕조가 나라 안의 분쟁으로 로마에 무너졌기 때문이다. 그러기에 사탄이 자신의 통치 안에 있는 악령들을 그렇게 서로 싸우게 놔두지 않는다는 말씀이 무엇을 의미하는지 너무나 잘 알았다.

11:19 너희 아들들은 누구를 힘입어 쫓아내느냐. 바리새인의 제자들도 악령을 쫓아내곤 하였는데 예수님께서 악령의 힘으로 쫓아낸다면 바리새인의 제자들도 악령으로 쫓아내는 것이기 때문에 스스로 자가당착에 빠진다.

11:22 더 강한 자가 와서 그를 굴복. 예수님은 사탄의 수하가 아니라 사탄보다 더 강한 분이다.

11:23 나와 함께 하지 아니하는 자는 나를 반대하는 자요. 예수님은 자신이 하나님 나라에 속하였음을 말씀하시며 소속을 확실히 하라고 말씀하신다. 예수님과 함께 하는 자가 하나님 나라에 속한 사람이요 예수님과 함께하지 않으면 그는 반대하는 자로서 사탄의 나라에 속한 사람이다. 하나님의 나라와 사탄의 나라의 국경선이 분명하다.

11:26 나중 형편이 전보다 더 심하게 되느니라. 말씀처럼 인생이 이후에 더욱더 무너지는 사람도 많다. 악령이 나가고 빈 공간이 되면 안 된다. 그곳에 하나님의 나라가 세워져야 한다. 하나님 나라가 세워져야 악한 영이 들어올 생각을 못한다. 성령 하나님이 계시면 악한 영은 들어오지 못하지만 성령이 안 계시면 다시 들어와 더 못되게 굴 것이다.

11:27 한 여자가 음성을 높여 당신을 밴 태와 당신을 먹인 젖이 복이 있나이다. 예수님이 참으로 위대하신 분 같으니 그러한 위대한 분을 낳고 기른 여인이 복되다고 말한다. 그러나 예수님은 달리 대답하신다.

11:28 오히려 하나님의 말씀을 듣고 지키는 자가 복이 있느니라. 하나님의 나라는 외적인 무엇에 있는 것이 아니다. 예수님을 낳았다고 구원받는 것이 아니다. 하나님의 말씀이 세워지는 것이 하나님 나라다. 하나님 나라의 내부는 외적인 능력이나 모양으로 채워지는 것이 아니다. 오직 하나님의 말씀과 말씀에 대한 순종으로 채워진다. 하나님 나라를 위해 목사로 일을 하였는지 성도로 일을 하였는지는 전혀 중요하지 않다. 예수님의 어머니로 살았는지 사마리아 지역의 한 여인으로 살았는지도 중요하지 않다. 외적인 타이틀이 아니라 그가 말씀을 얼마나 알고 말씀에 순종하였는지가 중요하다. 하나님 나라는 하나님의 주인되심이고 주인의 뜻은 성경에 담겨 있기 때문이다. 주님의 뜻을 알고 사는 것이 하나님 나라의 본질이다.

11:29 요나의 표적. 요나의 표적은 요나가 큰 물고기 배 안에서 삼 일간 있었듯이 예수님이 무덤에 삼 일간 있다 부활하시는 것을 뜻한다. 엄청난 표적이다. 그래도 여전히 믿지 않는 사람이 많을 것이다. 대체 어떤 표적을 더 보여주셔야 할까?

11:31 남방 여인이 이 세대 사람을 정죄하리니. 남방 여왕은 솔로몬의 지혜를 소문 듣고 먼 거리를 와서 들었다. 그런데 예수님 당시 사람들은 솔로몬보다 더 지혜로우신 예수님의 말씀을 듣지 않았기 때문이다. 그들은 관심이 없었다.

11:32 심판 때에 니느웨 사람들이 일어나 이 세대 사람을 정죄하리니. 니느웨 사람들은 이방인이었으나 요나의 선포에 회개하였다. 그런데 예수님 시대 사람들은 예수님의 죽으심과 부활에도 불구하고 회개하지 않는 사람들이 더 많을 것이기 때문이다.

11:33 등불을 켜서 말 아래에 두지 아니하고. 등불을 켜서 '말 아래'에 두면 등불을 켠 것이 아니다. 이불 속에 있는 등불이 무슨 의미가 있겠는가? '등경 위에' 두어야한다. 등불이 주변을 환히 밝히도록 해야 한다.

11:34 네 몸의 등불은 눈이라. 눈이 빛에 반응한다. 눈이 모든 것을 구분한다. 빛이 없으면 눈이 필요 없다. 눈이 없으면 빛이 필요 없다.

11:35 네 속에 있는 빛이 어둡지 아니한가 보라. 자신의 삶을 비추는 빛이 무엇인지 생각해보아야 한다. 믿음이 진리가 빛이어야 한다. 믿음은 우리의 등잔불이며 눈과 같다. 등잔불 없이 어찌 캄캄한 저녁길을 걸을 수 있겠는가? 눈이 없이 어찌 앞을 걸어갈 수 있겠는가? 믿음을 등잔불이나 눈과 같이 여기지 않으면 그것은 진짜 믿음이 될 수 없다. 믿음을 말하면서 사람들이 '말 아래' 빛처럼 여기고 대한다. 수많은 시간에 믿음을 숨기고 의식하고 있지 않다가 말 아래의 아주 작은

영역에서만 믿음을 말한다. 그것은 등잔불에 대한 예의가 아니다. 그것은 빛을 모르는 것이다. 걸어가면서 계속 눈을 감고 가다가 하루 일과를 다 마치고 아주 쓸데없는 시간에만 잠시 눈을 뜨는 것과 같다.

11:37 현자에게는 식사를 대접하는 것이 당시 의무요 영예로 여겼다. 바리새인은 우호적인 마음으로 예수님을 식사에 초대하였을 것이다. 그런데 식사를 시작하기 전부터 이상한 모습이 보이기 시작하였다.

11:38 손 씻지 아니하심을 이상이 여기는지라. 식사를 하기 전 장로 유전에 따라 손을 씻는 정결의식이 있었다. 예수님은 의도적으로 하지 않으신 것으로 보인다. 당시 샴마이 학파와 힐렐 학파는 식사 전 손 씻는 정결예식에 있어 수건은 어디에 두어야 하는지 등 많은 방법과 순서를 두고 첨예한 대립을 하고 있었다. 사실 성경에도 없는 것인데 말이다. 그 싸움에 힘을 낭비하는 그들의 모습은 참으로 꼴불견이었을 것이다.

11:39 대접의 겉은 깨끗이 하나 너희 속에는 탐욕과 악독이 가득하도다. 자신들 안에 탐욕과 죄가 가득한데 아주 별볼일 없는 그릇은 깨끗이 하려고 다투고 있는 모습을 지적하신 것이다.

11:40 겉의 정결의식이 중요하다면 그것은 속사람의 깨끗함을 위한 것이다. 속사람이 더욱 중요하다. 그들은 속사람이 더러우면서 겉사람만 가지고 싸우고 있었다. 지금 바리새인도 속사람이 깨끗한 예수님을 보면서도 겉의 정결의식을 지키지 않았다고 비난하는 마음을 가지고 있었다.

11:41 구제라는 매우 좋은 것조차도 '안에 있는 것으로(진심으로)'하는 것이 아니면 깨끗한 것이 되지 못한다. 마음이 정결해야 구제도 정결해진다. 그런데 하물며 다른 정결의식은 더욱더 그렇지 않겠는가?

겉사람은 사람이 본다. 그래서 사람들은 겉사람을 가꾸는 일에 힘을 다한다. 속사람은 하나님만 보신다. 사람이 보지 못한다. 하나님을 경외하지 않는 사람은 사람이 보기에만 좋으면 된다. 그래서 겉사람에만 신경을 쓴다. 그런데 그렇게 겉사람에만 신경 쓴다는 것은 그가 하나님을 믿지 않는다는 증거다. 참으로 하나님을 믿는 사람은 속사람을 신경 써야 한다.

11:42 십일조는 드리되 공의와 하나님께 대한 사랑은 버리는도다. 당시 바리새인은 3 가지에 있어 더욱 특별하였다. 첫째는 십일조를 자신이 철저히 낼 뿐만 아니라 다른 사람이 내지 않은 것에 대해서도 그 사람의 물건을 구매하거나 사용도 하지 않았다. 둘째, 정결예식을 철저히 지켰다. 셋째, 앞의 두 가지를 철저히 지키지 않는 사람과 교제하는 것을 삼갔다.

11:44 너희여 너희는 평토장한 무덤 같아서. '평토장'은 직역은 '구별되지 않는 무덤'이다. 봉우리가 없어 구분이 안 된다. 사람들이 무덤을 밟고 지나면 시체와 접촉한 것이 되어 7 일간 부정하다. 그래서 무덤에 하얀색으로 회 칠을 하곤 하였다. 바리새인들이 그것을 잘 하였다. 그런데 정작 자신들이 '구분되지 않는 무덤'이다. 그들 안에 시체의 썩음보다 더 더러운 것이 가득하기 때문이다. 그들과 접촉하면 때로는 속사람이 더욱더 부정해진다.

11:45 한 율법교사가 우리까지 모욕하심이니이다. 율법교사 중에는 바리새파에 속한 사람도 있었지만 바리새인들의 과격한 주장을 못마땅하게 생각하는 율법교사(서기관)들도 있었다. 그런데 말씀을 듣다보니 예수님의 말씀이 잘못하면 자신들까지 포함하는 것이 될 수 있다 생각하여 반박하고 있는 것이다.

11:47 너희는 선지자들의 무덤을 만드는도다 그들을 죽인 자도 너희 조상들이로다. 바리새인은 평신도도 있고 율법교사도 포함된다. 그런데

율법교사는 전문가를 말한다. 오늘날로 하면 목회자들이고 신학교 교수다. 당시 선지자들을 기념하여 묘를 화려하게 만들었다. 그런데 사실 선지자들의 순교에는 율법교사들이 주된 역할을 하였다. 그것에 대해 경고하시는 말씀이다.

11:52 율법교사여 너희가 지식의 열쇠를 가져가서. 율법교사는 말씀에 대해 연구한다. 사람들이 말씀을 잘 이해하게 하는 것도 때로는 곡해하게 하는 것도 그들의 몫이다. 말씀을 잘 연구하고 가르쳐서 사람들이 말씀의 방에 잘 들어갈 수 있도록 하는 열쇠를 가진 사람들이다. 그러나 그것을 잘 감당하지 못하면 어떻게 될까? **너희도 들어가지 않고 또 들어가고자 하는 자도 막았느니라**' 그들이 말씀을 엉터리로 연구하고 말씀에 관심 가지려는 사람을 막고 잘못된 해석으로 사람들이 엉터리고 살게 만들었다. 예수님이 오심은 '메시야의 오심'인데도 불구하고 그들은 오히려 그 지식을 막았다. 오늘날에도 하나님께서 전하는 말씀이 아니라 사람들이 듣고 싶은 말씀을 연구하는 거짓 전문가가 많다.

12 장

12:1 바리새인들의 누룩 곧 외식을 주의하라. 당시 바리새인들은 아주 잘난 사람들이었다. 그러나 그 잘남은 실제로 잘난 것이 아니라 '외식'으로 만들어진 것이었다. 실제로 잘나기 위해서는 많은 노력과 헌신이 필요하다. 쉽게 잘난 사람이 되기 위해 많은 바리새인들이 실제가 아니라 겉모습만 잘난 모습을 취하였다. 그것이 외식이다. 겉으로만 잘나게 보여도 사람들은 그것에 속았다. 사람들은 그들을 대단하다 생각하였다. 그들은 사람들을 완벽하게 속였다. 자기 자신을 속였다. **바리새인들의 누룩**. 당시 바리새인의 숫자가 적었다. 그런데 바리새인들의 외식은 숫자만큼 만이 아니라 사람들에게 강력한 영향을

미쳤다. 적은 누룩이 빵 전체에 영향을 미치는 것처럼 소수인 그들의 외식이 많은 이스라엘 사람들 안에 강력한 영향을 미쳤다. 그래서 바리새인이 아니어도 많은 사람이 외식을 행하였다.

12:2 감추인 것이 드러나지 않을 것이 없고. 사람들이 아무리 감추어도 심판 때에는 그대로 다 드러난다. 그러기에 이 세상에서는 자신의 죄를 감추기 보다는 오히려 드러내서 깨트려지는 것이 더 좋다.

12:4 몸을 죽이고 그 후에는 더 못하는 자들. 세상 권력자들이 때로는 신앙인을 죽일 수도 있다. 그러나 '그들을 두려워하지 말라'고 말씀하신다. 그들은 두려운 사람이 아니다.

12:5 지옥에 던져 넣는 권세 있는 그를 두려워하라. 사람은 세상에서의 죽음이 아니라 영원한 죽음인 지옥행을 두려워해야 한다. 하나님을 두려워해야 한다.

12:6 앗사리온. '데나리온의 1/16'의 가치다. 일 당을 십 만 원으로 계산한다면 두 앗사리온은 12500 원이다. 참새 한 마리 당 2500 원이다. 2500 원짜리 참새도 '하나님 앞에서는 하나도 잊어버리시는 바 되지 아니하는도다'라고 말씀한다. 세상에서는 그냥 2500 원짜리 참새이지만 실제로는 사람에 의해서가 아니라 하나님의 허락하심으로 잡히는 것일 뿐이다. 하나님의 허락하심이 아니면 결코 그렇게 잡히지 않는다고 말씀하신다.

12:7 머리털까지도 다 세신 바 되었나니. 구약에서는 '머리털 하나도 떨어지지 않는다'고 표현하기도 하고, 뒷 부분에서는 '머리털 하나도 상하지 않는다'고 말씀하고 있다. 하루에 대부분의 사람이 40 개 이상의 머리털이 빠진다. 머리털 빠지는 것조차 하나님께서 다스리신다 말씀한다. 그러니 세상에서 일어나는 힘들고 어려운 일에 두려워하지 말고 당당하라 말씀하시는 것이다.

12:8 사람 앞에서 나를 시인하면. 우리는 세상 권력자들 앞에서 신앙을 고백할 기회를 얻는다. 세상의 돈과 명예와 좋은 것들에 대한 두려움이 아니라 믿음을 고백할 수 있는 신앙고백의 기회를 얻는다. 물건을 얻고 잃고 하는 것이 중요한 것이 아니라 신앙을 고백할 기회이다.

12:13 유산. 이스라엘의 상속법은 장자가 다른 형제의 2 배 몫을 받도록 되어 있다. 예수님께 나온 사람은 아마 동생일 것이다. 그가 형의 1/2 몫을 제대로 받지 못했는지 아니면 형이 받은 2 배 받은 것에 대해 항의를 하는 것인지는 모르겠다. 여하튼 그는 형이 받은 유산에서 자신이 조금 더 받기를 원하였다. 그래서 당시 랍비들에게 요청했던 것처럼 예수님께 문제를 풀어달라고 요청한 것이다. 동생이 재산분할 문제로 예수님께 말을 한 것을 보면 그는 형이 공평하지 않다고 생각한 것 같다. 반대로 형은 동생이 공평하지 않다고 생각하였을 수 있을 것이다. 사람들은 공평을 말하면서도 서로 다른 기준점을 가지고 있다.

12:15 탐심. '탐심(플레오넥시아)'은 '더'와 '가지다'가 합하여 만들어진 단어로 '탐욕'이라 번역하는 것이 좋을 것 같다. 자신에게 필요한 것보다 더 가지고, 정당한 방법으로 얻을 수 있는 것보다 더 가지고자 하는 욕심이다. 세상은 필요 이상으로 가지고 있는 경우가 참 많다. 자신을 보라. 필요하지 않은데 가지고 있는 것이 분명히 있을 것이다. 내가 가지고 있을 필요가 없는 것, 내가 가지고 있는 것보다 다른 사람이 가지면 더 가치 있게 쓸 것이 있으면 빨리 나누어 주어야 한다. 예수님은 '재산분배는 작은 문제요 사람의 탐욕이 더 큰 문제'라고 말씀하셨다.
사람의 생명이 그 소유의 넉넉한 데 있지 아니하니라. '생명(영생)'과 '넉넉한 것'을 대조하셨다. 탐욕으로 넉넉해져도 복이 아니라 화다. 생명의 길을 잃으면 모든 것을 잃은 것이기 때문이다.

12:19 평안히 쉬고 먹고 마시고 즐거워하리라. 이제 행복만 남은 것 같다. 그러나 정말 그럴까?

12:20 헬라어 본문은 '그러나'가 앞에 들어가 있다. 부자의 생각과 실제는 완전히 달랐다. **어리석은 자여 오늘 밤에 네 영혼을 도로 찾으리니.** 갑자기 죽는 것을 말씀한다. **네 준비한 것이 누구의 것이 되겠느냐.** 버는 사람 쓰는 사람 따로 있는 것을 많이 본다. 탐욕은 '필요한 것보다 더 가지는 것'이다. 결국 내가 쓸 것이 아닌데 더 갖기만 하는 것이다. 죽고 나면 내가 소유했던 내가 쓰지 않은 돈이 어디로 가서 어떤 악을 행할지 아무도 모른다.

12:21 부요. '탐욕'은 자기를 위하여 재물을 쌓으나 실상은 자기를 위한 것이 되지 못한다. 재물에 부요한 자가 아니라 하나님 앞에 부요한 사람이 되어야 한다. '부요'라 말할 때 '부(富)'의 한문을 살펴보면 '집 안의 항아리에 술이나 물건이 가득 차 있는 모습을 그린 상형문자다. 그래서 주로 재물의 넉넉함을 말한다. 그러나 우리는 재물이 아니라 하나님께서 칭찬하시는 것으로 항아리를 가득 채워야 한다. 하나님 보시기에 부요한 사람이 되어야 한다. 하나님 앞에서의 부요는 '자기 자신과 밖에 하나님 나라의 확장'이요 '말씀의 열매'일 것이다. 사람들은 탐욕으로 재물만 늘리려 하다가 인생을 마치는 것을 본. 그것은 부요가 아니라 빈곤이다.

12:22 무엇을 먹고 입을 것인지 염려하지 말라. 사람들은 먹고 살아야 하니 걱정할 수밖에 없다고 생각한다. 그러나 걱정해야만 먹고 살 수 있는 것일까?

12:24 까마귀를 생각하라. 까마귀는 부주의한 동물의 대명사다. 자기 둥지를 못 찾을 때도 있다고 한다. 율법적으로 부정한 동물이기도 하다. 그런데 그렇게 부족한 것이 많은 까마귀도 미래를 위해 수확하거나 창고를 두는 것도 아닌데 잘 먹고 산다. 하나님께서 먹여 살리시기

때문이다. 까마귀도 걱정 없이 잘 살고 있는데 가장 존귀한 존재인 사람이 걱정하면서 산다는 것이 말이 되겠는가?

12:25 염려함으로 그 키를 한 자라도 더할 수 있느냐. 이 구절을 '목숨을 한 시간인들 더 늘일 수 있겠느냐'로 번역하기도 한다. 둘 다 가능하지만 '생명의 연장'으로 해석하는 것이 더 자연스러울 것 같다. 걱정한다고 생명이 연장되는 것이 아니다. 아니 오히려 더 줄어든다.

12:27 백합화. 갈릴리 지역의 흔한 일반적인 꽃에 대한 총칭인 것 같다. 만약 한 종류의 꽃이라면 솔로몬의 자주 빛 왕복과 비교되는 자주 빛 아네모네를 생각하면 좋을 것 같다.

12:28 들풀. 27절에 나오는 꽃으로 예쁜 옷을 입었던 식물이다. 꽃으로 예쁘게 옷을 입었으나 꽃이 지면 이제 그냥 들풀이다. 그렇게 하찮은 들풀도 그렇게 예쁜 꽃으로 입히셨는데 사람은 더욱더 어여쁜 사람이 되어야 하지 않겠는가?

12:30 너희 아버지께서는 이런 것이 너희에게 있어야 할 것을 아시느니라. 하나님께서 아시니 우리가 그렇게 걱정하지 않아도 하나님께서 채워주신다. 우리에게 필요 없어 걱정하지 않아도 되는 것이 아니다. 내가 걱정하지 않아도 하나님께서 필요한 것을 채워 주시니 걱정하지 않아도 된다.

12:31 너희는 그의 나라를 구하라. '하나님의 나라를 구한다'는 것은 하나님 나라의 법에 따라 사는 것을 의미한다. 영원한 가치를 추구하면서 사는 것을 말한다. 하나님의 나라가 확장되는 것은 매우 멀고도 중요한 길이다. 해야 할 일이 많다. 세상 사람들이 걱정하는 것을 우리는 하나님께서 '더하여' 주실 것이기 때문에 대신 하나님 나라를 구하는 삶을 살아야 한다.

12:33 낡아지지 아니하는 배낭을 만들라. 결코 구멍이 뚫리지 않는 배낭이다. 가치 있는 것을 영원토록 담을 수 있는 배낭이다. 얼마나 좋은 배낭인가? 이것은 하늘 창고다. 방법은 '구제'하는 것이다. 세상 사람들은 조금이라도 더 가져야 하기 때문에 구제하지 못하지만 우리는 하나님께서 채워주시기 때문에 구제하는 것을 두려워하지 않는다. 그것이 이웃 사랑이기 때문에 구제하는 것을 즐거워한다. 그것은 영원한 가치를 가진다.

12:35-48 앞 부분에서 세상의 재물 쌓는 것과 하나님 나라 확장을 위해 사는 삶을 비교하였다. '재물'은 매우 실제적이며 '하나님 나라'는 매우 아득히 먼 일처럼 느낄 수 있다. 누가는 오늘 본문에서 주님의 재림을 준비하는 이야기를 통해 조금 더 하나님 나라의 실제성과 중요함을 말한다.

12:35 허리에 띠를 띠고. 빠르게 움직일 수 있도록 '긴 겉옷을 아래에서 둘둘 말아 허리띠에 쑤셔 넣어 단을 짧게 만드는 것을 의미. '불을 켜고'는 불침번을 설 때 불을 켜 놓고 있듯이 언제든지 바로 나갈 수 있도록 준비된 상태를 의미한다.

12:36 혼인 집에서 돌아와. 이 당시 혼인잔치의 기간은 보통 1 주에서 2 주까지 하였다. 그렇게 신부 집에 가서 혼인잔치를 하고 오는 주인을 기다리는 종들에 대한 이야기다.

12:37 주인이 띠를 띠고. 주인이 허리춤까지 옷단을 올리고 종을 섬길 준비를 한다는 것. 예수님이 제자들 발을 씻기실 때 이렇게 하셨을 것이다.

12:38 이경에나 혹 삼경. 저녁 9 시에서 새벽 3 시 사이다. 그 저녁에 올 것이라 고는 생각하지도 못했을 것이다. 그런데 주인이 그때 올지라도 종들이 준비하고 있으면 그 종들이 얼마나 칭찬을 받겠는가?

12:39 어느 때에 이를 줄 알았더라면. 도둑이 들어오는 때를 알면 주인은 결코 도둑질을 당하지 않을 것이다. 도둑질을 당하는 것은 그 때를 모르기 때문이다. 우리도 주님의 재림 때를 모른다. 그래서 많은 사람들이 당할 것이다. 그런데 깨어서 늘 준비하고 있으면 주님의 재림이 당혹스럽지 않을 것이다.

12:41 우리에게 하심이니이까. 베드로는 예수님의 제자가 된 사람들은 이미 충분히 예수님의 재림을 잘 준비하고 있다고 생각하였다. 그래서 이 말씀은 자신들에게는 필요 없는 말씀처럼 들린 것 같다. 오늘날에도 어떤 신앙인들은 이것이 자신의 이야기가 아닌 것처럼 생각할 것이다. 그러나 결코 그렇지 않다.

12:42 진실한 청지기. '충실한 청지기'로 번역해도 좋다. 충실한 청지기가 되어 자신에게 맡겨진 것을 잘 관리해야 한다.

12:45 주인이 더디 오리라 하여...때리며 먹고 마시고 취하게. 종이 자신에게 맡겨진 것에 대해 주인이 올 시간을 넉넉히 잡고 더 즐기는 모습. 그렇게 지낸 시간은 나중에 결코 바꿀 수 없다.

12:46 엄히 때리고. 직역하면 '절단하여 조각 내고'이다. '사지를 찢어 죽이는 것'에 대한 문자적인 표현일 수 있고 '매장되지 못하고 밖에 버려져 동물들이 먹는 것'을 의미할 수도 있다.

12:48 많이 받은 자에게는 많이 요구할 것이요. 제자들이 명심해야 할 말씀이다. 나는 '이제 됐다'라고 생각하면 안 된다. 더 많은 지혜와 달란트를 받은 사람에게는 예수님께서 더 많이 엄하게 결산하실 것이다. 중요한 것은 달란트가 아니라 그것을 가지고 얼마나 더 열심히 '하나님 나라를 이루었느냐'이다.

12:49 내가 불을 땅에 던지러 왔노니. '불'과 '불이 붙었으면'이 강조된 문장이다. '불'은 보통 심판을 상징한다. 예수님의 초림의 목적은 구원이고 재림의 목적은 심판이다. 이 두 목적은 따로 떼어 있는 것이 아니고 실제로는 하나다. 예수님이 오셔서 불을 던지고 계신다. 사람들의 죄악이 불에 타야 한다. 정화되어야 한다. 불에 태운다는 것이 얼마나 힘든 과정이겠는가? 그러나 태워야 한다. 주님이 그것을 위해 하늘 보좌 비우고 이 땅에 오셨다. **이 불이 이미 붙었으면 내가 무엇을 원하리요.** 이 '불이 붙어서 최종적으로 완성되었으면' 하시는 마음을 말씀하신다. 이 일을 위해 아직 여러 과정이 남아 있다. 참으로 힘든 과정이다. 예수님은 그 과정이 얼마나 힘든 지를 아시기에 '이미 마쳤으면' 얼마나 좋을까 말씀하신다.

12:50 나는 받을 세례가 있으니. 우리가 받는 세례와 의미가 다르다. 이것은 다른 곳에서는 '잔'이라 말씀하신다. 이것은 고난을 의미한다. 죽음이다. **이것이 이루어지기까지 나의 답답함이 어떠하겠느냐.** 주님은 이제 앞으로 가야 할 처절한 고난에 대해 아주 잘 아셨다. 그것을 생각하면 사방이 막힌듯한 '답답함'으로 가득하셨다. 이 마음이 얼마나 아프고 힘들지 누가 짐작이나 할 수 있겠는가?

12:51 내가 화평을 주려고 온 줄로 아느냐 도리어 분쟁하게 하려 함이로다. 예수님이 우리에게 주시고자 하는 것은 생명이다. 작은 것이 아니다. 가장 중요하다. 그래서 중요하지 않은 다른 것을 버려야 하는 경우들이 생긴다. 그래서 분열이 생긴다.

12:53 아버지와 아들이 분쟁하리라. 어찌 가장 중요한 가족관계가 그렇게 끊어지고 분열될까? 전쟁 때 가족관계가 분열될 수 있다. 이념으로 분열되기도 한다. 그것을 중요하게 여기기 때문이다. 그런데 영생은 어떤 것보다 더 중요하다. 가족관계나 전쟁보다 더 중요하다. 믿음의 길을 치열하게 걸어가고 있는가? 재물이나 가족이나 전쟁보다 더 치열한 싸움의 현장이 믿음의 문제다.

12:54 구름이 서쪽에서 이는 것을 보면 소나기가 오리라 하나니.
이스라엘의 서쪽은 지중해다. 지중해에서 구름과 함께 부는 바람은 비를
가져올 때가 많다.

12:55 남풍에서 부는 것을 보면 심히 더우리라. 남쪽이나 남동쪽에서 부는
바람은 사막 바람으로 덥고 식물을 순식간에 마르게 하여 죽게 만든다.
이 바람을 모르면 농사를 망친다. 그래서 사람들은 바람이 부는 것을
느끼면 바로 조치를 취한다. 그래야 농사에 열매를 많이 맺을 수 있기
때문이다.

12:56 이 시대는 분간하지 못하느냐. 농사를 위해 기상을 분간했듯이
인생의 농사를 위해 시대를 분간해야 한다. 그런데 그들은 예수님이
그들과 함께하심에도 불구하고 천국의 도래를 보지 못하는 사람들이
많았다. 인생을 살면서 사람들은 그 기간이 얼마나 중요한지를 놓치곤
한다. 세상에서 돈을 벌고 농부로서 소산을 얻을 줄은 아는데 인생의
열매를 맺는 것에는 무지한 채 사는 사람이 많다. 모든 사람은 자신이
살고 있는 자신의 시대를 믿음을 아는 기회로서 중요하게 여길 줄
알아야 한다.

12:58 너를 고발하는 자와 함께 법관에게 갈 때에 길에서 화해하기를 힘쓰라.
법관에게 가면 옥에 갇히게 되기 때문이다. 빚을 지고 갚지 못한 사람은
법관 앞에 가서 옥에 갇히기 전에 가는 길이에라도 어떻게 해서 든 빚을
갚아야 하는 사람과 화해해야 한다. 그것이 현명한 행동이다. **법관에게
갈 때.** 비유적으로 마지막 심판을 생각하도록 말씀하신 것이다. **길을
가는 동안.** 이 땅의 인생기간이 될 것이다. 하나님 앞에 최후 심판을
받기 전에 우리는 이 땅에서 빚문제를 해결해야 한다. 대속하시는 분을
알아야 한다. 믿고 순종해야 한다.

13 장

13:1 빌라도가 갈릴리 사람들의 피를 그들의 제물에 섞을 일로 예수께 고하니. 갈릴리 사람이 성전에서 제사 드리다가 빌라도에 의해 죽임을 당한 것으로 보인다. 매우 충격적인 사건이었을 것이다. 구체적인 이유는 알지 못한다. 그런데 빌라도 총독은 이스라엘 사람들에게 아주 고약한 사람이었다.

13:2 사람들은 보통 어려운 일을 당하면 '죄가 더 있기 때문'이라 판단한다. 그러나 그들이 죄가 더 많기 때문이 아니다.

13:3 아니라. 그들이 다른 사람들보다 더 죄가 있기 때문에 사건 사고로 일찍 죽은 것이 아님을 분명하게 말씀하셨다. **너희도 만일 회개하지 아니하면.** 그들의 죽음이라는 비극은 그들 만의 문제가 아니라 모든 사람의 문제이다. 그들 탓만 하며 강 건너 불구경 하듯이 하지 말고 나의 문제로 생각해야 한다. 빨리 회개해야 한다. 죽음이 문제가 아니라 회개 없는 죽음이 문제이기 때문이다.
이와 같이 망하리라. 이것의 의미는 1.그들이 죽은 방식 2.로마군에 의한 죽음 3.갑작스럽게 4.비극적 죽음 등을 생각해 볼 수 있다. 1번을 제외한 나머지는 모두 개연성이 있다. 3번과 4번 해석이 조금 더 가능성이 높다. 비극적 죽음을 보았을 때 죄를 그 사람만의 문제로 보지 말라는 것이다. 죄는 보편적으로 있는 것이기 때문에 자신의 죄를 회개하는 것이 중요하다. 그러한 죽음이 오기 전에 회개하는 것이 중요하다.

13:4 실로암에서 망대가 무너져 치어 죽은. 이것은 순전히 사고였다. 오늘날 건물 붕괴와 같은 사건이다. 성전에서 죽은 갈릴리 사람처럼 또는 실로암에서 죽은 사람처럼 우리는 늘 죽음의 위험속에 살고 있다.

13:7 내가 삼년을 이 무화과나무에서 열매를 구하되 얻지 못하니 찍어버리라. 무화과나무는 1 년만 지나도 열매를 얻을 수 있다. 3 년까지 열매를

기다렸다는 것은 주인이 많이 인내하였음을 뜻한다. 그러니 이제 '찍어버리라'고 말하는 것이 타당하다. 무화과나무는 가지를 잘라서 꽂아 놓으면 매우 잘 자란다. 열매도 맺지 못하는 나무에 미련을 가질 필요가 전혀 없다.

13:8 금년에도 그대로 두소서. 한 해만 더 나무에게 기회를 주시라 간청한 것이다. 자신이 나무를 다시 잘 돌봐 주겠다고 말한다. 무화과나무는 이스라엘 민족을 의미할 수도 있고 개인을 의미할 수도 있다. 둘 다 포함할 수도 있다. 무화과나무라면 당연히 무화과 열매를 맺어야 한다. 맺지 못하면 아무 쓸모가 없다. 맺어야 하는 열매 중에 최상의 열매는 회개의 열매다. 죄를 깨닫고 죄와 싸워서 이제는 죄가 아니라 의의 길을 걸어가야 한다. 회개하라고 기회를 주셨는데 오늘날 사람들이 오히려 죄를 쌓고 있는 경우가 많다. 인생을 살았는데 죄를 회개하여 성숙한 모습은 보이지 않고 오히려 죄로 가득한 모습인 사람이 많다. 열매 없는 무화과나무다.

두루 파고 거름을 주리니. 예수님은 회개하지 않는 사람들을 위해 '두루 파고 거름을 주는 것'처럼 사람들이 회개할 여건을 주신다. 시련을 당하게도 하고, 좋은 것을 주시기도 하고, 사람을 만나게도 한다. 예수님께서 그렇게 회개의 열매를 맺기에 적당한 조건을 주시는데도 불구하고 여전히 회개의 열매를 맺지 못하면 어떻게 될까? '찍어 버려질' 것이다. 시간이 그리 많지 않다.

13:11 귀신 들려 앓으며. 악령이 그녀를 붙잡고 있었다. 악령은 때때로 병으로 사람들을 괴롭힌다. 예수님은 그녀를 보고 '사탄에 매인 바 되었다'라고 말씀하신다. 여인은 사탄에게 매여 그렇게 고생하고 있었다. 그러나 그럼에도 불구하고 그 불편한 몸을 이끌고 회당에 나와 예배하고 있었다. 그녀는 하나님 나라에서 멀리 있는 것 같았으나 하나님을 찾고 있었다. 예수님은 그녀를 긍휼히 여기셨다.

13:12 여자여 네가 네 병에서 놓였다. 여인은 예수님에 의해 병에서 완전히 나았다. 우리는 병이나 그 밖에 어떤 어려운 환경에 있을지라도 그곳에서 하나님을 찾아야 한다. 그 어려움에서 유일한 피난처는 천국이다. 하나님이다. 세상이 나를 외면하고 하나님께서 조차도 나를 외면하시는 것처럼 느껴도 하나님을 찾으라오. 하나님을 찾는 사람은 구원을 얻을 것이다.

13:14 회당장이 예수께서 안식일에 병 고치시는 것을 분 내어. 회장당은 예수님이 안식일에 병을 고치신 것 때문에 분노하였다. 그것이 얼마나 어리석은 생각인지 모르면서. 자신의 딸이 18년 동안 아팠다 고침 받았어도 그랬을까?

13:15 외식하는 자들아. 회당장을 비롯한 회당 지도자들이 자신들의 재산을 지키는 것(동물을 건지는 것)에 대해서는 어떻게 든 되게 하는 이유를 만들어 내면서도 한 여인이 질병에서 벗어난 것에 대해서는 분노하니 그것은 참으로 하나님 나라를 모르고 겉으로만 아는 척하는 것이라 말씀하신 것이다.

13:19 채소밭에 갖다 심은 겨자씨 한 알 같으니. 겨자씨는 매우 작다. 그런데 자라면 '새들이 그 가지에 깃들일' 정도로 자란다. 겨자는 제주도의 유채꽃과 모양이 매우 비슷하며 보통은 1m 되는데 어떤 것은 3m 내외까지 자라기도 한다. 그래서 나무라 불리기도 한다. 어쩌면 수사학적 과장으로 그렇게 불렀을 수도 있다. 겨자의 크기가 씨를 생각하면 매우 크게 자랐다고 할 수 있다. 하나님 나라가 그렇다. 사람 안에 있는 하나님 나라는 겨자씨처럼 때로는 너무 작아서 잘 보이지 않는다. 예수님 당시 하나님 나라는 사람들 안에 거의 보이지 않았다. 그러나 그것이 자라면 새들도 그 안에 머물 정도로 커지게 된다.

13:21 전부 부풀리게 한 누룩과 같으니라. 누룩은 대부분 바리새인의 외식처럼 부정적인 의미로 사용된다. 그런데 이곳에서는 긍정적인

의미로 사용되었다. 보이지는 않지만 가루 전체를 부풀리는 힘을 가지고 있음을 말한다. 조용히 엄청난 변화를 이끌어낸다. 믿음이 도무지 주변에서 보이지 않을 수 있다. 믿음을 가진 사람이 없는 것 같다. 그러나 믿음을 가진 사람들이 곳곳에서 조용히 일을 하고 있다. 숫자는 적어도 사회 전체를 바꿀 강력한 힘으로 일하고 있다.

13:23 구원을 받는 자가 적으니이까. 당시 논쟁 거리였다. 이 당시 유대인들은 모두 구원을 받는다고 생각하였다. 미쉬나에는 유대인이지만 예외적으로 구원에서 제외되는 사람이 있음을 말한다. 1.부활을 부정하는 자 2.율법의 신적 기원을 부정하는 자 3.이단서적을 읽는 자 4.마법을 행하는 자 5.여호와(YHWH)의 이름을 발음하는 자 6.랍비의 가르침을 적대하는 자. 이들을 제외하면 모두 구원을 얻는다고 말한다. 그런데 에스드라후서에서는 '대제사장이 많은 사람을 위해 이 세상을 만드셨으나 오는 세상은 오직 소수를 위해 만드셨다. 많은 사람이 창조되었으나 구원받는 사람은 오직 소수이다'라고 기록하고 있다. 그래서 예수님의 의견을 물은 것이다.

13:24 들어가기를 구하여도 못하는 자가 많으니라. 구원받으려고 시도하지 않는 사람이 많다. 또한 구원받으려고 시도한 사람 중에도 많은 사람이 들어가지 못한다 말씀하셨다. 그렇다면 오직 소수의 사람만 구원받는다는 밀이 맞다. **좁은 문으로 들어가기를 힘쓰라.** 좁은 문은 '생명의 문과 길'을 상징적으로 표현한 것이다. 생명의 문을 좁은 문으로 상징한 것은 그 길을 가는 사람이 적기 때문이 아니라 어렵기 때문이다. 그래서 '힘쓰라'고 말씀하신다. 구원은 힘써야 얻을 수 있는 것이다.

13:25 집 주인이 일어나 문을 한 번 닫은 후. 천국 문은 닫히면 열리지 않는다. **밖에 서서 문을 두드리며 주여 열어 주소서.** 그들은 문을 두드리면 열릴 줄 알았던 것 같다. 그들이 집 주인을 잘 알고 있다고 생각했기 때문이다. **나는 너희가 어디에서 온 자인지 알지 못하노라.** '모른다'니 대체 이게 무슨 말일까?

13:26 우리는 주 앞에서 먹고 마셨으며 주는 우리를 길거리에서 가르치셨나이다. 그들은 여전히 주인의 의도를 모르고 있다. 외적인 관계가 아니라 내적인 인간관계가 형성되어야 '안다'고 할 수 있다. 그들은 밥을 같이 먹고 길거리에서 설교를 들었을 수는 있지만 실제로는 관계가 없었다. 오늘날도 많은 사람들이 그렇지 않을까?

13:28 거기서 슬피 울려 이를 갈리라. 슬픔과 분노의 표현이다. 분노는 자기 자신에 대한 분노일 것이다. 좌절과 공포에 대한 표현이기도 하다. 추워 떨듯이 공포 가운데 이를 갈면서 떠는 것이다.

13:31 헤롯이 당신을 죽이고자. 예수님은 이 당시 베레아에 계셨을 것이다. 그곳은 헤롯 안티파스가 통치하는 곳이다. 악한 이들이 힘을 가지고 자기 멋대로 악하게 행동할 때가 많다. 그러나 명심해야 할 것이 있다. 그러한 힘이 천국의 길을 막을 수는 없다.

13:32 여우에게 가서 이르되. 예수님이 헤롯을 여우라 칭하신다. 오늘날 여우는 '교활한 동물'의 상징이다. 그런데 성경에서의 이미지는 조금 다르다. 포도원을 허무는 여우 이야기처럼 '허무는 자'(아가 2:15)의 이미지를 가지고 있다. 또한 '중요하지 않은 자'(느헤미야 4:3)의 이미지도 가지고 있다. 암탉의 세끼를 노리는 자(34 절)로 볼 수도 있다. 헤롯이 왕권을 가지고 예수님을 어떻게 할 수 있는 것처럼 행동하고 사람들도 그렇게 여기지만 실상은 그렇지 않다. 헤롯은 중요하지 않은 여우다. 아무 힘도 없다. 헤롯은 허무는 여우다. 힘도 없으면서 사람들을 죽인다. 세례요한을 죽였다. 그는 하나님 나라를 허무는 자다. 그러나 그가 허무는 것은 힘이 커서가 아니다. 별 의미 없다.

13:34 예루살렘아 선지자들을 죽이고. 예루살렘은 이스라엘 백성들을 상징한다. **네게 파송된 자들을 돌로 치는 자여...내가 너희의 자녀를 모으려 한 일이 몇 번이냐.** 하나님께서 선지자를 보내셔서 계속 부르셨다. 그러나

그들은 선지자를 죽였다. 거절하였다. **암탉이 제 새끼를 날개 아래에 모음 같이.** 예수님은 계속 선지자를 보내 부르셨다. 지금 직접 오셔서 백성을 부르시고 모으고 계신다. 하나님 나라는 깨트리는 자가 아니라 모으는 자에 의해 이루어진다.

13:35 황폐하여 버린 바 되리라. 예루살렘이 파괴될 것이다. 교회가 파괴된다. 그러나 시궁창에서도 꽃은 핀다. **너희가 주의 이름으로 오시는 이를 찬송하리로다 할 때.** 아무리 많이 황폐화되었 어도 그곳에서 주의 이름을 부를 때 주의 영광이 임한다. 그러기에 우리는 깨진 것이 아니라 세워지는 것을 보아야 한다. 깨트리는 자가 아니라 모으는 자를 보아야 한다.

14 장

14:2 수종병 든 사람. 물이 고여서 붓는 병이다. 잔치에 참석한 사람들은 예수님께 시선을 두었다. 어떤 이들은 책망할 것을 찾기 위해 날카로운 눈으로 보고 있었다. 그런데 주님의 눈은 수종병에 걸린 사람을 보셨다. 아마 아무도 관심 갖지 않던 사람일 것이다.

14:4 고쳐 보내시고. 예수님께서 수종병에 걸린 사람을 치료하여 주셨다. 그것은 예수님께 전혀 도움이 되지 않는다. 자살골과 같다. 오히려 적대자만 더 만들 것이다. 그러나 예수님은 그의 필요를 보셨다. 수종증으로 고통 당하는 그를 긍휼히 여기셨다. 식사 시간의 번잡함 가운데서도 예수님은 그곳에서 예수님의 도움을 가장 필요로 하는 사람을 정확히 보셨다. 우리의 시선이 이와 같아야 한다. 같은 곳에서도 사람들이 보는 것이 다 다르다. 우리는 예수님의 눈을 닮아야 한다. 우리가 사랑받고 도움받을 사람을 찾는 것이 아니라 우리가 사랑하고 도울 수 있는 사람을 찾을 수 있어야 한다.

14:7 청함을 받은 사람들이 높은 자리 택함. 사람들이 식당에 들어와서 눈으로 '쓱' 좋은 자리를 찾았다. 오늘날은 창문 가일 수 있겠지만 이 당시에는 주인과 가까운 자리다. 그들은 자신의 명예를 위해 서로 '높은 자리'에 앉으려 하였다. 그것이 멸망의 시선이요 죽음의 길인 줄 알지 못하고 높은 자리만 찾았다. 그래서 예수님께서 비유로 가르침을 주셨다.

14:8 잔치에 청함을 받았을 때에 높은 자리에 앉지 말라. 사람들은 자신들의 사회적 신분을 과시하며 높은 자리에 앉으려 하였다. 예수님은 그러한 마음을 지적하셨다.

14:10 너를 청한 자가 와서 너더러 벗이여 올라앉으라 하리니 사람 앞에서 영광이 있으리라. 윗자리에 앉아 있다가 쫓겨나는 것보다 끝자리에 앉았다가 올라가는 것이 훨씬 더 낫다고 말씀하신다.

14:11 자기를 높이는 자는 낮아지고 낮추는 자는 높아지리라. 이 말씀은 이 세상에서도 때때로 성취된다. 그래서 좋은 격언이 된다. 그러나 많은 사람이 그렇게 하지 않는다. 세상에서 그렇게 되는 경우가 많지 않기 때문이다. 이 말씀이 진정으로 성취되는 것은 하나님 나라가 완성되는 때다. 세상에서 내가 나를 낮추어도 사람들이 알아주지 않을 때 속상하지 마라. 우리는 어차피 사람들의 눈이 아니라 하나님의 시선에 맞춘 삶을 살고 있다. 세상 사람들이 자신을 높이기 위해 세상 사람들과 싸울 때 신앙인은 자신을 낮추기 위해 자신과 싸워야 한다.

14:12 잔치에 벗이나 형제나 친척이나 부한 이웃을 청하지 말라. 벗이나 형제나 친척이나 부한 이웃을 청하는 것이 일반적 잔치다. 지금 예수님을 청한 것도 예수님에 대한 명성 때문일 것이다. 그런데 예수님은 그에게 그들을 초청하지 말라고 말씀하신다. 왜 그럴까? **그들이 도로 청하여 네게 갚음이 될까 하노라.** 그들이 다시 보답으로 잔치에 청하면 청한 것이 선한 일이 되지 못하고 인사가 되기 때문이다.

먹을 것이 흔하지 않던 시대에 잔치는 먹을 것을 풍성하게 먹을 수 있는 기회였다. 그 기회를 다시 갚을 수 있는 사람이 아니라 다시 갚을 수 없는 사람에게 주라는 것이다.

14:13 가난한 자들과 몸 불편한 자들과 자는 자들과 맹인들을 청하라. 당시 사람들은 잔치에 사람을 초대할 때 철저히 신분을 따졌다. 신분이 낮은 사람은 아예 초대하지 않았다. 손님은 자신의 위상을 보여준다 생각하였다. 만약 신분이 낮은 사람이 잔치에 참석하면 다른 방에 가게 하고 메뉴도 안 좋은 것으로 주었다.

14:14 갚을 것이 없으므로. 자신에게 이득이 있기 때문에 사람을 초청하는 것이 아니라 이득이 없기 때문에 초청하라고 말씀하신다. 갚을 것이 없어 갚지 못하면 '네게 복이 되리니'라고 말씀하셨다. 사랑을 갚을 능력이 없는 사람에게 베풀면 그들이 갚지 못하고 하늘에 쌓인다. **의인들의 부활시에 네가 갚음을 받겠음이라.** 하늘에 쌓였다가 나중에 받는다. 사람들은 세상 스펙을 쌓기 위해 부요한 사람을 초청하는데 신앙인은 하늘 스펙을 쌓기 위해 가난한 사람을 초청한다. 예수님의 말씀을 믿는 사람은 열심히 갚을 것이 없는 사람을 섬기고 사랑할 것이다. 그러나 여전히 많은 사람이 믿지 않는다. 그래서 갚을 것이 있는 사람만 사랑하는 경향이 강하다.

14:15 하나님의 나라에서 떡을 먹는 자는 복되도다. 어찌하든 지금 이렇게 함께 식사를 하고 있는데 이 모습은 또한 천국에서 함께 식사를 하게 될 모습을 반영한다고 생각하며 말하였다. 천국에서 식사를 하는 사람들이 복이 있듯이 지금 이 자리에서 함께 식사를 하고 있으니 그들 또한 복이 있다고 말하였다. 그러나 그의 말에 예수님께서 또 다른 폭탄을 던지셨다.

14:16 큰 잔치를 베풀고 많은 사람을 청하였더니. 식사하면서 천국 잔치 이야기를 한 사람의 생각처럼 하나님께서 천국 잔치를 열어 놓고

사람들을 부르신다. 그렇다면 천국 식사와 지금 식사하는 사람을 거의 동일시하고 있는 그 사람의 생각이 맞을까? 아니다. 물론 그들은 먼저 식사에 초청된 사람들이다. 그런데 문제는 사람들이 그 잔치를 거절하였다는 것이다.

14:18 나는 밭을 샀으매 아무래도 나가 보아야 하겠으니 나를 양해하도록 하라. 어떤 사람은 '새로 산 소 시험'을 핑계로, 어떤 사람은 '결혼'을 핑계로 거절하였다. 그들의 거절은 합리적인 것 같으나 실상은 전혀 이유가 되지 못한다. '큰 잔치'를 거절할 만 이유는 아니다. 잔치가 몇 년 걸리는 것도 아니고 멀리서 열리는 것도 아니기 때문이다. 거절의 이유는 한 가지다. 그들이 잔치하는 주인을 멸시하였다. 그들은 하나님 나라가 아니라 세상 나라에 마음을 두고 있다. 하나님 나라의 주인에 대해서는 관심도 없다.
그들은 자신들의 이익에 눈이 멀어 있었다. 메시야와의 식사자리에서도 높은 자리만 찾던 사람들이다. 세상 나라에 정신이 팔렸다. 그들은 사실 천국 잔치를 거절하는 사람들이었다. 그들은 천국 잔치에 결코 참석할 수 없는 사람들이다.

14:21 종이 돌아와 그대로 고하니. 먼저 초청된 사람들이 거절한 것에 대해 말하였다. 그들은 기존의 유대인들이다. 유대인 중에서도 잘 나가는 사람들이다. 먼저 초청된 사람들이다. 그런데 지금 그들은 거부하고 있다. **시내의 거리와 골목으로 나가서 가난한 자들과 몸 불편한 자들과 맹인들과 저는 자들을 데려오라.** 이전에는 흠이 있는 것으로 여기던 사람들이 잔치에 초청되고 있다. 공동체 안에서 흠이 있는 모습은 여러가지가 있다. 그런데 중요한 것은 흠이 무엇이냐가 아니라 이제라도 복음을 받아들이는 것이다. 복음을 받아들이면 흠은 더이상 흠이 되지 않을 것이다.

14:23 길과 산울타리 가로 나가서 사람을 데려다가 내 집을 채우라. 외부 공동체 사람을 의미한다. 이방인이다. 천국 잔치에 이방인을 초청하고

있다. 그들이 받아들이기만 하면 그들은 이제 천국 잔치의 주인공이 될 것이다. 그들이 유대인인지 이방인인지가 중요한 것이 아니라 초청에 응하는지 응하지 않는지가 중요하다.

14:26 부모와 처자와 자기 목숨까지 미워하지 아니하면 내 제자가 되지 못하고. 제자가 되기 위한 첫번째 조건에 대한 말씀이다. '미워한다'는 것은 덜 사랑한다(참조. 마 10:37)는 의미다. 야곱이 레아를 라헬보다 덜 사랑한다고 말할 때도 '미워한다'는 단어를 사용한다. 예수님을 따른다는 것은 선생으로 따르는 것이 아니라 구주로 따르는 것이다. 그래서 가장 사랑해야만 한다.

14:27 자기 십자가를 지고 따르지 않는 자도 내 제자가 되지 못하리라. '십자가'는 고통을 당하는 것이고 또한 모욕을 당하는 것이다. 예수님을 따르는 것 때문에 고통을 당하는 일이 있을 것이고 모욕을 당하며 낮아지는 일도 있을 것이다. 그것을 감당하지 못하면 예수님의 제자가 될 수 없다고 말씀하신다.
'십자가'를 지는 것은 철저히 '자기 부인'이다. 누구도 십자가를 지고 싶은 사람은 없다. 십자가를 지면 고통과 모욕을 당하기 때문에 자기애가 강한 사람은 십자가를 질 수 없다. 그러면 예수님의 제자가 될 수 없다. 믿는 사람이 될 수 없다. 예수님은 지금 자신의 십자가를 지고 계신다. '성육신'이 십자가다. 또한 십자가를 지실 것이다. 가장 처절히 고통을 당하시고 낮아지시는 십자가이다.

14:28 망대를 세우고자 할진대...가진 것이 준공하기까지에 족할는지 먼저 비용을 계산하지 아니하겠느냐. 건물을 지을 때 완공하기까지 비용이 얼마일지 생각해 보고 건축을 시작해야 한다. 그것처럼 제자가 되고자 한다면 제자의 비용을 잘 생각해보고 시작해야 한다. 비용계산을 하지 않고 시작한 건물이 완공되지 못하고 골조만 있는 상태로 있으면 매우 보기 싫은 흉물이 되듯이 제자도 중간에 멈추면 흉물이 될 것이다.

14:31 임금이 다른 임금과 싸우러 갈 때. 비용계산이 중요함을 말씀하시기 위해 또 다른 비유로 더 설명하셨다. 전쟁하기 전에 이길 것인지 계산해 보고 이길 것 같으면 전쟁해야 하고 질 것 같으면 하지 말아야 한다. 전쟁에서 승률을 계산하는 것은 매우 중요하다. 그것처럼 제자 비용 계산도 중요하다.

14:33 자기의 모든 소유를 버리지 아니하면 내 제자가 되지 못하리라. 세번째 조건은 재산 소유권 이양이다. '소유를 버린다'는 것은 재산을 가지지 않는다는 것이 아니라 재산에 대해 청지기임을 받아들인다는 것이다. 자신의 것이 이제는 철저히 하나님의 것임을 인정하고 사용하는 것을 뜻한다. 하나님의 것이니 그것을 얻고 잃어버림에 크게 개의치 않고 믿음의 길을 간다. 청지기이니 맡겨진 것의 많고 적음이 문제가 되지 않는다.

14:34 소금이 그 맛을 잃으면 무엇으로 짜게 하리요. 오늘날 사고로 말하면 소금이 맛을 잃는 경우는 없다. 정확히 말하면 이것은 아마 불순물이 많이 섞인 덩어리에서 소금(염화나트륨)을 빼내고 난 덩어리를 말씀하는 것이다. 이 당시 소금은 불순물이 많이 섞인 소금 덩어리에서 소금을 빼내는 경우가 많았다.
소금이 빠진 소금 덩어리는 아무 쓸모가 없다. 제자가 제자의 조건이 빠지면 아무 쓸모가 없다. 예수님을 사랑하되 첫번째가 아니라 두 번째로 사랑한다고 하면 좋아 보일 수는 있어도 실제로는 제자가 아니다. 십자가를 지지 않는 제자도 제자가 아니다. 그것은 소금(염화나트륨)이 빠진 소금덩어리에 불과하다.

14:35 땅에도 거름에도 쓸데없어 내버리느니라. 소금은 땅을 기름지게 하는데 사용된다. 농사를 지어보면 안다. 또한 거름을 더 좋은 거름이 되도록 만들어 주기도 한다. 그런데 소금(염화나트륨)이 빠진 소금 덩어리는 땅에나 거름에나 결코 좋은 역할을 하지 못한다. 그것처럼 제자의 조건을 충족하지 못하는 제자는 기독교 숫자를 늘릴 수는 있어도

장기적으로 보면 결코 하나님 나라에 유익하지 않다. 엉터리 교인은 결국 진짜 신앙인을 교회에서 쫓아낸다. 엉터리 교인은 중요한 순간에 사고를 치면서 결국 교회를 해친다.

15 장

15:1 세리와 죄인. 바리새인들은 십일조를 내지 않는 사람이나 그가 파는 음식조차도 거부하였는데 예수님은 예수님께 오는 어떤 사람도 제한하지 않으셨다. 함께 식사까지 하셨다. 그래서 바리새인이나 서기관들이 '수군거리려 이 사람이 죄인들을 영접하고 음식을 같이 먹는다'하였다.

15:4 하나를 잃으면 아흔아홉 마리를 들에 두고. 아흔아홉 마리를 '들에 두고' 찾아나서는 것이 무책임한 것이 아닌지 묻는 사람이 있다. 그러나 이 당시 목자들은 주로 함께 일하였다. 그러니 들에 두어도 그 양들을 지킬 사람을 두고 떠났을 것이다. 무책임한 것이 아니다. **잃은 것을 찾아내기까지 찾아다니지 아니하겠느냐.** 잃은 양을 찾는 것이 목자의 마음이다. 잃은 양은 두고 가면 생명을 잃기 때문이다. 재산 손실이라는 측면을 넘어 한 마리의 양을 향한 애정의 마음 때문이라도 그 양을 찾아 나서는 것이 정상일 것이다.

15:6 이웃을 불러 모으고 나와 함께 즐기자. 목자는 이웃들이 자신과 함께 즐거워 해주기를 바라고 있다. 그것이 하나님의 마음이다. 하나님께서 잃어버린 자를 찾을 때 하나님의 백성들이 함께 즐거워하기를 원하신다. 그들은 당사자가 아닐지 모르지만 하나님께서 그렇게 기뻐하신다는 것을 알고 함께 기뻐할 수 있어야 한다.

15:7 죄인 한 사람이 회개하면 하늘에서는 회개할 것 없는 의인 아흔아홉으로 말미암아 기뻐하는 것보다 더하리라. 이 구절을 반어법으로

말씀한 것이라면 '아흔아홉 양'은 자칭 의인이라고 생각하는 바리새인과 서기관을 의미할 것이다. 그런데 그것보다는 순수하게 '잃어버린 죄인' 한 명을 찾는 것에 대한 하나님의 기쁨을 표현하는 것이라고 보는 것이 더 맞을 것 같다. 자녀가 여럿 있는 부모가 자식 한 명을 잃으면 그 한 명을 찾아 전국을 누빈다. 그 자식을 찾게 되면 얼마나 기쁠까?

15:8 열 드라크마가 있는데 하나를 잃으면 부지런히 찾지 아니하겠느냐. 한 드라크마의 가치는 헬라 화폐단위로 로마 화폐 데나리온과 같다. 한 사람의 일당이다. 오늘날로 계산한다면 10만원 정도 될 것이다. 당시 양 한 마리 가격이라고 한다. **등불을 켜고.** 당시 집의 구조가 대부분 창문이 없거나 아주 작은 창문만 있어 어둡기 때문이다. **집을 쓸며.** 집 구조가 바닥은 돌이거나 흙 벽돌인데 대부분은 흙 벽돌이었다. 그래서 먼지가 많이 쌓이기 때문에 쓸었다고 말한다.

15:9 찾아낸즉 벗과 이웃을 불러 모으고 나와 함께 즐기자. 이 여인은 왜 이렇게 기뻐하는 것일까? 예레미야스는 이것이 결혼 지참금으로 주어진 머리 장식물의 하나이기 때문에 돈 이상의 값어치를 하는 것으로 주장한다. 그러나 머리 장식용은 40-50개로 구성되어 있다. 그리고 오늘 구절에서는 그런 것을 암시하는 내용도 없다. 그렇다면 이 여인은 이것을 왜 이리 기뻐하고 있는 것일까? 매우 가난하기 때문에 100만원이 전 재산이고 10만원을 찾았기 때문에 기뻐하는 것일까? 그것도 본문에서 의도하는 것은 아닌 것 같다.
'잃은 것을 찾은 자의 기쁨'에 대해 말하고 있는 것으로 보인다. 이것저것 떠나서 단순히 잃어버린 돈이라 할지라도 그것이 그리 큰 가격이 아니라 10만원에 불과하더라도 잃어버린 것을 찾았을 때는 그 기쁨이 매우 크다는 것이다. 별것 아닌 돈을 잃어버렸다가 찾아도 그렇게 기쁨이 큰 것인데 하물며 잃어버린 사람에 대해서는 더욱더 그렇지 않겠는가? 잃어버린 돈을 찾은 것에 대해 이웃에게 함께 기뻐하자고 말하는 것은 이웃이 크게 동조하기 어렵다. 그러나 그럼에도 불구하고 그 여인은 그렇게 기뻐하고 있다. 그런데 잃어버린 영혼을 찾는 것이라면 다르지 않을까? 더욱더 기쁜 일이고 이웃 사람들이 함께 기뻐해줄 수 있는 일이 아닐까?

15:10 이와 같이 죄인 한 사람이 회개하면 하나님의 사자들 앞에 기쁨이 되느니라. '하나님의 사자들 앞에'라고 말하는 것은 경외의 마음으로 하나님의 이름을 말하지 않고 '하늘'이라고 말하는 것과 같은 표현이다. '하나님께서 기뻐하시는 것'이라고 생각하면 된다. **죄인 한 사람이 회개하면.** 죄인 한 사람이 회개하는 것은 하나님께 큰 기쁨이 된다. 어떤 일보다 더 기쁜 일이다. 우리는 그 기쁨에 동참해야 한다. 어떻게 해서든지 죄인이 돌아서도록 해야 한다. 나 자신이 회개하고 돌아서는 일과 우리 주변의 사람들이 믿음의 사람으로 돌아서도록 힘써야 한다. 이것이 우리의 가장 큰 기쁨이 되어야 한다.

15:12 내게 돌아올 분깃. 둘째 아들이기 때문에 1/3 이다. 본래 상속은 아버지의 사후에 받는 것이지만 많은 사람들이 죽기 전에 분배하기도 하였다. 오늘날과 다른 특별한 것은 부모가 증여를 해도 부모가 죽기 전까지는 부동산에 대한 것은 부모에게 사용권을 비롯한 권리가 있다는 것이다. 구매자는 판매자 부모의 사후에 사용할 수 있다. **아버지가 그 살림을 각각 나눠 주었더니.** 아버지의 힘과 권위로 눌러도 되지만 아버지는 어떤 이유인지 아들의 요구대로 상속할 재산을 일찍 주었다.

15:20 아버지께로 돌아가니라. 앞에서 잃어버린 양이나 동전은 그들이 스스로 돌아갈 수 없었다. 주인이 찾아 나섰다. 그러나 탕자의 경우는 그가 떠났기에 또한 그가 돌아가야 한다. 회개하고 돌아가야 한다. **아직도 거리가 먼데 아버지가 그를 보고 측은히 여겨.** 아버지는 아들이 집을 나갈 때 알면서도 허락하였다. 알면서도 잃어버렸다. 잃어버린 이후 찾지 않았을까? 아마 아들 소식을 들어 알고 있지 않을까? 그래서 아들이 언제 돌아오지 않을까 하며 늘 집 밖을 보고 있었던 것 같다. 그래서 아들이 멀리 있는데도 불구하고 아들을 알아보고 먼저 달려가 안아주었다.

15:21 지금부터는 아버지의 아들이라 일컬음을 감당하지 못하겠나이다. 이 말 이후 수없이 속으로 연습한대로 이어서 '나를 품꾼의 하나로 보소서'라고 말하려고 했을 것이다. 그러나 아버지는 그가 말을 계속하게 놔두지 않았다.

15:22 아버지는 아들의 흉한 모습에 마음 아파하며 종들에게 제일 좋은 옷을 내어오라고 말한다. 사실 탕자가 그렇게 준비한 멘트인 '나를 품꾼의 하나로 보소서'는 아버지에게는 전혀 의미 없는 말이다. 아버지는 아들이 온 것만으로 충분히 기뻤기 때문이다.

15:23 아버지는 아들이 돌아온 것이 너무 기뻐 바로 잔치를 준비하였다. 이것이 아버지의 마음이다. 사람들이 보기에는 속 없는 행동 같다. 그러나 아버지의 사랑을 아는 사람은 이것이 아버지의 가장 깊은 곳의 본 마음이라는 것을 알 것이다. 아버지에게는 아들이 잃은 재산은 전혀 중요하지 않다. 돌아온 아들이 중요하다.

15:28 아버지가 나와서. 큰 아들은 집에 들어가고 싶지 않았다. 그것을 알게 된 아버지가 집 밖으로 나와서 '들어가자' 권하였다.

15:29 여러 해 아버지를 섬겨 명을 어김이 없거늘. 자신은 노예('섬겨'라는 동사는 노예처럼 일하다의 뜻이다)처럼 일하였는데 밖에서 놀면서 재산을 탕진한 아들을 잔치하면서 환영하는 것이 도무지 이해가 되지 않는다 말하였다.

15:30 창녀들과 함께 삼켜 버린 이 아들이 돌아오매. 이것은 동생에 대해 비난하는 말이다. 추측성 비난이고 '이 아들이'라는 호칭도 비난성 호칭이다. **살진 송아지를 잡으셨나이다.** 아버지가 송아지를 낭비하였다는 아버지를 향한 비난의 마음까지 담겨 있는 것으로 보인다. 큰 아들의 마음은 울분과 비난으로 가득하였다.

15:31 내 것이 다 네 것이로다. 아버지는 너그러운 마음으로 큰 아들의 마음도 위로해 주었다. 돌아온 탕자에게는 송아지 한 마리를 잡아 잔치하였지만 나머지 모든 것은 큰 아들의 것이라 말하며 아들의 마음을 위로하였다.

큰 아들이 말하는 것처럼 그가 진정 지금까지 '노예'처럼 일한 것이라면 그는 집 안에 있어도 탕자라 할 수 있다. 작은 아들이 아버지의 사랑을 모르고 집을 떠나 집 밖에서 돈을 잃어버린 탕자라면 큰 아들은 집 안에 있었지만 여전히 아버지의 사랑을 모르고 시간을 낭비하고 있는 탕자다. 아버지에게 재산은 그리 문제가 아니다. 아들과의 사랑의 관계가 가장 중요하다. 그런데 함께 있었기에 괜찮은 줄 알았는데 큰 아들도 아버지를 진정으로 사랑하는 마음이 없었던 탕자였던 것이다. 어쩌면 아버지는 큰 아들의 그러한 모습에 마음이 더 아플 수도 있다.

15:32 네 동생은 잃었다가 얻었기로 우리가 즐거워하고 기뻐하는 것이 마땅하다. 24 절에서도 동일하게 말한다. 잃었다 얻으면 '죽었다 살아난 것'과 같다 말한다. 그래서 아버지의 마음이 매우 기뻤다. 만약 큰 아들이 이러한 아버지의 마음을 모르면 이제 그가 '잃은 아들'이 될 것이다. 아버지의 마음을 따라 함께 기뻐할 수 있을 때 진정한 아들이다.

16 장

16:1 주인의 소유를 낭비. 여기에서 '낭비'라는 단어는 탕자가 '낭비'하였다는 말과 같은 단어로서 '헛되이 사용한다'는 의미를 가진다. 청지기는 사실 주인의 뜻을 어기는 모든 사용이 낭비다.

16:8 옳지 않은 청지기. 무엇 때문에 옳지 않은 청지기라는 이름을 가지게 되었을까? 두 가지 가능성이 있다. 첫째는 그가 주인의 재산을 탕진하였기 때문이다. 두 번째는 해임이 결정되고 행한 것 때문이다.

첫번째의 것이 가능성이 더 많다. 주인은 청지기의 첫째 (옳지 않은)행동 때문에 그를 해임하였다.

일을 지혜 있게 하였으므로 칭찬하였으니. 청지기가 해임이 결정된 후 한 행동을 지혜 있게 하였다고 칭찬하였다. 왜 지혜 있는 행동일까? 그의 행동은 문서위조처럼 보인다. 그러나 만약 우리가 흔히 생각하는 것처럼 문서를 위조하였다면 그것은 칭찬받을 일이 아니다. 이제 감옥에 집어넣어야 하는 문제가 된다. 그렇다면 빚증서를 깎아 준 것이 정당할 수 있을까? 빚보증서를 깎아 기록하게 한 것에는 세 가지 가능성이 있다. 첫째는 장부 위조다. 두번째는 흉년이나 어려운 여건이 생겼을 때 빚진 사람의 빚을 감량해주는 문화가 그 당시에 있었다 한다. 그래서 오히려 이렇게 빚을 깎아줌으로 마을 사람들에게 칭찬을 받게 되는데 그 칭찬은 청지기에게만 가는 것이 아니라 주인에게도 갔을 것이다(핸드릭슨). 세번째는 청지기 몫을 깎아 주었다는 것이다. 예수님 당시에 세리들이 세금을 받으면서 본래의 세금에 자신들의 몫을 추가로 붙여서 받은 것처럼 이 당시의 청지기는 자신의 몫을 추가하여 기록하였고 그것에 대해 감하는 것을 기록하였다는 것이다. 사실 그는 이제 청지기직에서 해임되었기 때문에 그것을 받아도 더이상 그의 것이 되지 못한다.

이 세 가지 가능성 중에 첫번째는 아닐 것 같다. 장부위조한 청지기를 주인이 칭찬할 리가 없기 때문이다. 주인이 청지기에게 재산출납부를 가져오라고 하였기 때문에 금방 들통날 것을 행할 리가 없다. 그렇다면 두번째나 세번째의 것이 가능성이 높다. 2-3 번 중에 어느 것이든 청지기는 그것으로 사람의 인심을 얻었음이 분명하다. 주인에게도 손해는 아니었다.

16:9 불의의 재물. 재물 자체가 불의하다는 뜻은 아니다. 가능성은 첫째, 재물을 얻는 과정에서 불의가 들어갈 여지가 많다는 것을 내포한다고 해석할 수 있다. 둘째, 하나님의 나라를 위해 사용되지 않는 모든 재물은 불의라는 측면에서 이렇게 표현하셨을 수 있다. **친구를 사귀라.** 청지기는 전에는 그가 맡은 것으로 자신의 즐거움과 자신의 만족을 위해

사용하였다. 헛되이 낭비하였다. 그러나 이번에는 그 재물로 친구를 만들었다. 그 재물로 어쩌면 주인의 친구를 만들어 주었고, 자신의 친구를 만들었다. 세상의 재물로 사람을 얻는 것은 매우 좋은 일이다.

16:19 자색 옷과 고운 베옷을 입고날마다 호화롭게 즐기더라. 부자는 재물로 사람을 사귀지(돕지) 않고 자신의 자랑과 즐거움을 위해 사용하고 있다.

16:20 멀리. '대문 앞'이라는 단어와 비교되며 '매우 먼'의 의미를 가지고 있다.

16:22 죽어 장사되매. 사람들의 시선은 여기에서 마치는 경우가 많다. 사람들은 부자가 복되고 나사로가 불쌍하다 생각한다.

16:23 음부에서 고통중에 나사로를 보고. 부자는 이 땅에서의 삶을 마쳤을 때 그것으로 끝나지 않았다. 이 땅에 사는 사람들의 눈에는 그것으로 끝났지만 그렇지 않다. 그는 이 땅의 삶을 마치자마자 바로 '음부'에 가게 되었다. 땅에서는 그의 장례식이 성대하게 치러졌을 것이다. 무덤도 최고급 무덤을 사용하였을 것이다. 그러나 그것이 무슨 소용이겠는가? 이생의 어떤 것도 그가 지옥으로 가는 것을 막지 못하였고 이생의 어떤 것도 그와 상관없는 것이 되었다. 거지도 이 땅에서 삶을 마치자마자 바로 '천국'에 갔다. **아브라함의 품**은 믿음으로 천국에 갔을 것이 확실한 아브라함과의 교제를 의미한다. 그러기에 그곳은 천국을 의미한다. 이생에서는 그의 장례를 치를 돈도 없었을 것이다. 그는 죽어서도 제대로 묻힐 무덤도 없었을 것이다. 그러나 그러한 것은 전혀 문제가 되지 않았다. 그는 이미 천국에 갔다. 사람은 이생으로 끝나지 않는다. 내생이 있다. 부활 후 영원한 삶이 있다.

16:24 손가락 끝에 물을 찍어 내 혀를 서늘하게 하소서. 이 땅에서 부자와 나사로의 삶은 매우 컸다. 그러나 오는 세상에서 부자와 나사로의 삶의

차이는 비교할 수 없을 정도로 더 크다. 부자는 물 한 컵도 아니고 한 모금도 아니며 물에 담갔던 손가락을 뺐을 때 떨어지는 물 한 방울이라도 애타게 원하고 있다. 거지 나사로는 이생에서 그렇게 물 한 방울을 애타게 찾지는 않았다

16:25 여기서 위로를 받고 너는 괴로움을 받느니라. 부자는 살았을 때에 좋은 것을 받았고 나사로는 '여기서' 위로를 받는다 말씀셨다. 중요한 것은 살았을 때는 짧고 '여기'는 영원하다는 것이다.

16:29 모세와 선지자. 모세와 선지자들이 쓴 것 것으로 성경을 뜻한다.

17 장

17:1 실족하게 하는 것. '누군가가 죄를 범하도록 이끄는 것'을 의미한다. '실족한다'는 것은 사실 최종책임은 그 자신에게 있다. 그러나 그러한 환경을 만든 사람도 죄가 없다고는 못할 것이다. 사람의 많은 관계가 서로 더욱더 많은 실족(죄)을 범하게 하는 관계가 되어 있는 것을 본다. 그러한 관계를 청산하고 사랑의 관계가 되고 서로 선을 격려하는 관계가 되는 것이 중요하다.

17:2 연자맷돌. 잘못된 번역이다. 맷돌은 크게 두 가지가 있다. 짐승이 끄는 큰 것으로 '연자매'라고 부른다. 사람이 가는 작은 것은 '맷돌'이라 부른다. 여기에서는 큰 맷돌을 의미하는 것이기 때문에 '연자매'다.

17:3 회개하거든 용서하라. 우리는 서로의 죄를 용서해야 한다. 용서하는 것이 죄를 이기는 중요한 도구다. 만일 상대가 죄를 범하고 용서를 구하는 일을 하루에 일곱 번이나 반복하였 어도 용서하라고 말씀한다. 아주 극단적인 경우라도 용서하라는 것이다. 여기에서 '회개하거든

용서하라'는 구절을 보고 회개가 용서의 전제조건인 것처럼 생각하면 안 된다. 그것은 '회개하면 용서하라'는 것이지 '회개해야만 용서하라'는 것은 아니다. 사실 상대가 용서를 구하지 않아도 용서하는 것이 필요하다. 내가 용서해야 하는 측면에 있어서는 항상 무조건적으로 먼저 용서해야 한다. 그렇게 먼저 용서하였기에 그가 이해할 수 없을 정도로 죄를 반복하며 용서를 구하여도 다시 용서할 수 있는 것이다. 무조건적인 용서가 아니라면 할 수 없는 용서다.

17:4 일곱 번. 7 번까지 용서하라는 뜻이 아니다. 일곱은 완전수로 계속 용서하라는 뜻이다. 숫자에 제한을 두지 말고 용서하라는 뜻이다.

17:5 믿음을 더하소서. 제자들은 끝없이 용서할 수 있도록 더 큰 믿음을 달라고 요청하였다.

17:6 겨자씨 한 알 만한 믿음. 용서는 큰 믿음이 있어야 하는 것이 아니라 현재 제자들이 가진 믿음으로도 해야 하는 것이라 말씀하셨다. 큰 믿음을 가진 사람만 할 수 있다는 생각을 버리고 믿음으로 행하고자 하는 마음을 가져야 한다.

17:8 내 먹을 것을 준비하고 내가 먹고 마시는 동안에 수종 들고 너는 그 후에 먹고 마시라. 종이 밖에서 일하고 들어왔다고 주인이 종에게 '수고하였으니 앉아 있으라 내가 밥을 해주겠다'고 하는가? 아니다. '밖에 나가서 빨리 밥을 해 오라'고 한다. 그것이 종이 해야 할 마땅한 일이다.

17:9 명한대로 하였다고 종에게 감사하겠느냐. 종의 처지가 그렇다. 우리는 어떨까? 이 이야기의 주인과 종의 관계의 차이보다 하나님과 우리의 관계의 차이가 더 크다. 비교도 할 수 없다. 우리는 하나님 앞에 종도 되지 못한다. 그런데 감사를 요구하고 있지 않나?

17:10 우리는 무익한 종이라. 우리가 명령받은 것을 다 순종한 이후에 해야 하는 말이 무엇일까? "순종의 대가 주세요"가 아니다. "나는 무익한

종이다"라는 고백이다. 이것이 매우 중요하다. 믿음을 알기 위해서는 은혜를 알아야 한다. 우리의 믿음의 삶들이 참으로 귀하다. 실족하지 않게 하고, 회개하고 용서하는 것이 중요하다. 그러나 그러한 일을 열심히 하면서 우리는 '무익한 종'이라는 사실을 명심해야 한다. 우리가 믿음으로 무엇인가를 열심히 하여도 그것은 우리가 무슨 대단한 일을 한 것이 아니다. 종이 일을 해야 하는 것보다 더 당연한 것이다. 하나님께서 우리에게 무엇인가를 주시는 것은 단지 은혜 위에 은혜일 뿐이다. 그러기에 하나님 앞에 마치 빚을 받는 사람처럼 행동하지 않도록 조심해야 한다. 행함이 있으나 무익한 종인 것을 모르는 사람이거나, 행함이 없으면서 '무익한 종이라'고만 말하는 종은 어리석은 종이다.

17:13 우리를 불쌍히 여기소서. 악성 피부병 환자들이 외친 소리(기도)는 그 이후 '예수기도'라는 이름으로 일컬어지며 많은 이들의 신앙고백과 기도훈련으로 사용되고 있다. "예수여 우리를 불쌍히 여기소서"(예수 엘레에손 헤마스) 우리 모두는 우리가 얼마나 '불쌍한'존재인지를 알아야 한다. 만약 우리가 몸이 건강하기 때문에 우리 자신이 불쌍하다고 생각하지 않는다면 그 사람은 건강함이 불행이다. 사람들은 비참한 환경이 문제라고 생각한다. 그러나 실상은 비참한 환경이 문제가 아니라 자신이 얼마나 비참한지를 모르는 것이 문제이다. 이 땅의 모든 사람은 '레미제라블(비참한 사람들)'이다. 우리는 기도해야 한다. 우리를 비참함에서 구원하실 예수님께 나가 기도해야 한다. 죽어가고 있으면서도 자신의 비참함을 깨닫지 못하고 너무 멀쩡하게 살고 있는 사람들은 진짜 더욱더 비참한 사람들이다. 우리 모두는 '예수기도'를 해야 한다. 날마다 예수님이 아니고는 하루도 살 수 없음을 고백하며 오직 예수님을 의지하며 살아야 한다.

17:19 네 믿음이 너를 구원하였느니라. 열명이 고침을 받았지만 구원함을 받은 사람은 오직 한 사람이다. 그는 돌아와 감사함으로 '구원'에 이르는 자리까지 나아갔다. 단지 병에서 깨끗함을 입음으로 끝나지 않고 구원을

아는 자리까지 나갔다. 아홉 명의 환자는 그들이 환자로 있을 때보다 고침을 받았음에도 감사하지 않고 떠난 것이 더 불쌍한 모습이다.

17:21 하나님의 나라는 너희 안에 있느니라. 바리새인들의 질문에 예수님께서는 천국이 '이미 왔다'고 말씀해 주셨다. 예수님의 초림 이후 하나님 나라에 대해 말할 때 "이미 그러나 아직'이라는 문장이 정확하다. 예수님이 오심으로 하나님 나라는 이미 이 땅에 왔다. 이것을 '현재적 하나님 나라'라고 말한다. 하나님 나라에서 가장 중요한 것은 하나님이 주인이 되시는 것이다. 하나님께서 구원하셔서 그 백성의 왕이 되시는 것이다. 예수님이 오셨으니 왕이 그들 가운데 있다. 대속이 되고 구원이 이루어진다. 하나님 나라는 이미 임하였다.

17:23 보라 저기 있다. 이렇게 말하는 사람은 다 거짓이다. 예수님의 재림은 은밀하게 오시지 않기 때문이다. 때가 '가까이에 있다'는 말도 거짓말이다(17:28). 재림의 때는 누구도 예상하지 못한다.

17:24 인자도 자기 날에 그러하리라. 사람들이 둥근 지구의 서로 다른 시간대에 살고 있어도 예수님의 재림은 모든 사람이 볼 수 있는 방식으로 오신다.

17:31 세간이 그 집에 있으면 그것으로 가지러 내려가지 말 것이요. 세상적인 것에 대한 집착에 대해 상징적으로 말씀하신 것이다.

17:35 두 여자가 함께 맷돌을 갈고 있으매. 두 여자가 함께 밀을 갈고 있는 모습은 그 날에도 밀을 갈고 있는 사람들이 있을 것이라는 뜻이 아니라 그렇게 일상적인 일을 하고 있다가 한 사람은 '데려감'을 당하고 다른 사람은 남겨질 것이라는 말씀이다. **데려감을 얻고.** 이 말씀을 '휴거'로 오해하면 안 된다. 이 말씀에서 데려감을 당한 사람을 구원받은 사람으로 해석할 수도 있고 또는 멸망의 심판 받는 사람으로 해석할 수도 있다. '데려감'이라는 단어가 함께하다는 의미도 있기 때문에

구원받은 사람을 의미하는 것으로 보는 것이 더 나을 것 같다. 그런데 이 데려감이 휴거라는 영화처럼 어떤 기간을 가지고 있는 것이 아니라 영원한 갈림과 영원한 심판이 바로 있을 것이다.

17:37 주검 있는 곳에는 독수리가 모이느니라. 당시 시체가 있는 곳에는 그것을 먹기 위해 당연히 독수리들이 모여들었던 것처럼 예수님이 재림하실 때는 당연히 모든 사람들이 알게 될 것이라는 것을 설명하셨다. 아니면 독수리들이 모여들면 당연히 시체가 있는 것을 예상할 수 있는 것처럼 예수님이 오시면 당연히 모든 사람들이 알 수 있게 된다는 의미일 것이다.

18 장

18:1 기도하고 낙심하지 말아야 할 것. 기도하면서 그것이 옳은 일이라 생각하여 진행하였는데 이루어지지 않는 경우가 있다. 그러면 낙심하기 쉽다. 기도하기 싫어 질 수 있다. 그러나 기도는 한 번만 하는 것이 아니다. 낙심하지 말고 계속 해야 한다. 나의 마음이 복합적인 것처럼 하나님의 마음도 복합적이다. 기도 응답과 관련하여 때와 과정 등 많은 것이 관련되어 있다. 그기에 단순하게 생각하고 멈추는 잘못을 범하지 말아야 한다.

18:5 번거롭게 하니 내가 그 원한을 풀어 주리라. 재판관은 사람을 무시하고 하나님을 두려워하지 않는 불의한 재판관이었다. 그러나 여인이 자신을 계속 찾아오니 '번거롭게 되는 것' 때문에 원한을 풀어주었다.

18:7 하물며 하나님께서...택하신 자들의 원한을 풀어 주지 아니하시겠느냐. 이 비유에서 하나님도 번거롭기 때문에 들어주시는 것으로 생각하면 큰

오역이다. 하나님은 번거롭기 때문이 아니라 진리와 백성에 대한 사랑 때문에 원한을 풀어주신다. 이 비유는 대조를 통해 강조하는 것이다. 불의한 재판관도 번거로움이라는 작은 것 때문에 원한을 풀어주었는데 의로우신 하나님께서 진리와 사랑이라는 큰 이유를 가지고 있음에도 '원한을 풀어주시지 않겠느냐'는 강한 강조다.

18:8 인자가 올 때에 세상에서 믿음을 보겠느냐. 하나님의 응답을 걱정할 것이 아니라 자신의 믿음을 걱정해야 한다. 기도도 인내하지 못하고, 자기 멋대로의 생각으로 기도의 기쁨을 알지 못한 채 멈추어 버리는 사람이 많다.

18:9 자기를 의롭다고 믿고 다른 사람을 별시하는 자들. 예수님께서 비유로 설명하신다. 그 대상이 명확하다. '자기를 의롭다고 믿을 수 있는 것'은 행동에 있어 조금은 사람들이 보기에 옳은 일을 하고 있다는 뜻이다. 그런데 문제는 그것 때문에 '다른 사람을 멸시'한다는 것이다. 오늘날 내가 다른 사람보다 조금 더 낫기 때문에 다른 사람을 무시하는 사람들이 많다. 이 말씀을 남 이야기로 들어서는 안 된다.

18:11 이 세리와도 같지 아니함을 감사하나이다. 그가 감사하는 내용은 시편 26 편의 다윗의 기도와 흡사하다. 신앙인은 이 정도의 정결함을 가지고 있어야 한다. 그런데 그의 문제는 마음의 태도에 있었다. 그는 순결한 마음으로 그렇게 하는 것이 아니라 자만으로 이웃을 멸시하며 그런 말을 하고 있다. 그것이 죄다.

18:12 이레에 두 번씩 금식. 성경은 대속죄일에 금식(레 16:29)할 것을 명한다. 그러나 바리새인은 일주일에 두 번(월요일과 목요일) 금식하였다. 말씀 이상으로 지키면서 보상심리로 그들은 그렇게 하지 않는 사람을 비난하였다. 자만하였다. 십일조도 그들의 주산물인 곡식과 동물의 십일조만이 아니라 성경에서 요구하는 것 이상으로 텃밭 수준의

채소까지 십일조를 드렸다. 매우 좋은 것 같으나 실상은 그것 때문에 더 교만하였다.

18:13 멀리 서서. 미쉬나를 보면 '세리가 들어가는 집은 부정하다' 말한다. 도둑이 들어간 집은 '도둑이 밟은 땅만 부정하다'고 말한다. 도둑보다 세리를 더 나쁘게 본 것이다. 그만큼 세리는 부정하게 여겼다. 그래서 세리는 감히 성전 안에 들어가지 못하고 멀리 서서 기도하고 있는 것이다. **가슴을 치며 이르되 하나님이여 불쌍히 여기소서.** 세리의 행동이 어떠하였는 지는 모른다. 그러나 그의 긍휼을 요청하는 마음의 태도가 바른 것은 분명하다. 긍휼을 구하는 태도는 시편 51 편에 나온 다윗의 기도를 닮았다.

18:14 바리새인이 아니고 이 사람이 의롭다 하심을 받고 갔느니라. 이 말씀을 듣던 사람들은 매우 경악하였을 것이다. 이전까지 거의 100%에 가까운 사람이 바리새인이 더 의롭다고 생각하였을 것이기 때문이다. 우리는 '그리스도의 의'로 구원함을 얻는다. 그런데 바리새인처럼 자만에 빠진 사람은 결코 그리스도의 의가 임할 자리가 없다. 다른 사람을 긍휼히 여기지 않고 하나님께 긍휼을 구하지 않는 사람에게는 긍휼의 자리가 없다. 바리새인의 행동이 잘못된 것은 아니다. 오히려 좋은 것이다. 그러나 그 좋은 것이 더 좋은 것을 막았다(에스겔 33:13). 세리의 행동이 옳은 것이 아니다. 그가 겸손한 것도 아니다. 그는 회개함으로 돌아가서 이전과는 다르게 살아야 한다. 우리는 시편 26 편의 정결함과 시편 51 편의 긍휼을 구하는 마음을 동시에 가지고 있어야 한다.

18:15 어린 아기를 데리고 오매. '아기'라는 단어는 갓난 아기나 아장아장 걷는 정도의 아기를 말할 때 주로 사용하는 단어다. 16 절의 '어린 아이'는 '아기'나 '아이' 둘 다 가능하다. 아마 예수님께 데려온 아이는 아기와 아이 등 다양하였던 것 같다. **제자들이 보고 꾸짖거늘.** 당시 아기나 아이는 과부와 더불어 낮은자의 대명사였다. 그렇게 별볼일 없는

아기나 아이를 바쁘신 예수님께 축복기도를 바라는 것은 예수님을 무시하는 처사라고 생각하였을 것이다. 그러나 예수님은 아기들의 부모가 아니라 제자들을 꾸짖으셨다.

18:16 하나님 나라가 이런 자의 것이니라. 예수님은 아이들을 불러 가까이 오게 하셨다. '이런 자'는 '아이'를 의미하는 것이 아니다. '예수님께 오는 어린 아이'다. 이것은 어린 아이의 어떤 특성 예를 들면 순수성 같은 것을 의미하는 것이 아니다. 사실 아이들은 결코 순수하지 않다. 어린 아이의 위치인 낮은자(마 18:4)를 의미한다. 세상에서 낮은자로 여기는 사람이라고 천국에 들어가지 못하는 것이 아니다. 낮은 것이 문제가 아니라 나오지 않는 것이 문제다.

18:17 어린 아이와 같이 받아들이지 않는 자는 결단코 들어가지 못하리라. 어린 아기나 아이는 부모를 향한 의존성이 강하다. 사실 예수님께 나아온 것도 부모의 말에 대한 의존성 때문일 것이다. 그것처럼 사람이 천국을 대할 때도 아기가 부모를 대하듯이 의존적으로 받아들일 때 들어갈 수 있다. 하나님과 천국 없이는 살 수 없는 의존성을 가져야 한다.

18:18 내가 무엇을 하여야 영생을 얻으리이까. 이 질문은 앞에서도 받았던 질문이다. 좋은 질문이다. 오늘날 모든 기독교인들은 이런 질문을 해야 한다. 앞 부분에서 예수님은 '하나님을 사랑하고 이웃을 사랑하는 것'에 대해 말씀하셨다. 같은 것을 이번에는 구체적으로 말씀하신다.

18:20 십계명에 대한 것으로 관리가 생각할 수 있는 아주 기초적인 것에 대해 말씀해 주셨다. 이 말을 들은 관리는 기뻐하였을 것이다. 이것은 당시 경건에 관심 있는 사람이라면 당연히 지키는 것이었기 때문이다.

18:22 네게 있는 것을 다 팔아 가난한 자들에게 나눠 주라. 누가 이렇게 할 수 있을까? 이것이 진정 예수님의 뜻일까? 오늘날 예수님께서 우리 모두에게 '가진 것을 다 팔아 가난한 자들에게 나눠 주라'고 말씀하시는 것은 아니다. 그렇게 하는 것이 옳은 것도 아니다. 그러나 누군가에게는 그렇게 말씀하실 것이다. 누군가에게는 그것이 가장 필요할 수 있다. 부자 관리에게 가장 필요하였던 것처럼 말이다. 영생을 소망하는 사람이라면 예수님이 나에게 이렇게 말씀하시면 순종할 자세를 가져야 한다.

18:24 재물이 있는 자는 하나님의 나라에 들어가기 얼마나 어려운지. 부자가 다 팔지 못하는 모습을 보시고 말씀하신다. 그가 그렇게 하지 못하는 것은 '믿음의 크고 작음의 문제'가 아니라 '믿음이 있고 없고의 문제'다. '누가 그렇게 할 수 있을까'라고? 모든 사람이 그래야 한다. 진정 그것이 나를 향한 하나님의 뜻이라면 그렇게 해야 한다. 그것은 우선순위의 문제다. 우리가 오늘날 재산을 팔아 가난한 자에게 주지 않는 것은 재산을 하나님보다 더 중요하게 여기기 때문이 아니라 재산으로 하나님 나라를 이루기 위함이다. 만약 하나님 나라를 위해서라면 우리는 언제든지 그것을 팔아 가난한 자에게 줄 수 있어야 한다.

18:25 낙타가 바늘귀로 들어가는 것이 부자가 하나님의 나라에 들어가는 것보다 쉬우니라. 이것은 한 편으로는 과장법이지만 다른 한 편으로는 사실에 대한 정확한 표현이다. 모든 부자에 대한 것이라면 과장법이다. 그렇지만 부자라면 조심스럽게 들어야 한다. 강조이기 때문이다.
이것이 인간의 '부요함'으로 천국에 들어가는 것에 대한 말씀이라면 정확히 일치한다. 낙타가 바늘귀로 들어갈 수 없듯이 인간의 부요함으로 하나님 나라에 결코 들어갈 수 없기 때문이다. 오직 '하나님의 의'로 들어간다. 믿음으로 들어간다. 그러기에 우리의 가진 것이 아니라 하나님을 의지하여 천국에 들어간다는 사실을 잊어서는 안 된다.

18:26 누가 구원을 얻을 수 있나이까. 구원이 그리 쉬운 것이 아니다. 오늘날 가장 큰 문제점 중에 하나는 구원을 껌처럼 생각하는 것이다. 누구나 구원을 얻을 수 있는 것처럼 생각한다. 아니다. 구원을 위해서는 참으로 위대한 결단이 필요하다. 나를 죽이고 오직 그리스도만을 따르는 결단이 필요하다.

18:28 우리의 것을 다 버리고 주를 따랐나이다. 베드로와 제자들은 자신들의 가족과 돈 벌 수 있는 기회를 내려놓고 지금 예수님을 따르고 있다.

18:29 하나님 나라를 위하여 집이나 아내나 부모나 자녀를 버린 자는. '버린 자'라고 하여 조금 오해의 소지가 있다. 이것은 '떠나는 것'을 의미한다. 제자들은 지금 모두 그러한 것을 떠난 사람들이다. 집이나 아내 부모 등은 매우 사랑스럽다. 중요한 것이다. 그러나 '하나님 나라를 위하여'는 언제든지 떠날 수 있어야 한다. 제자들은 지금 그것을 떠나 뒤로 하고 하나님 나라 전파의 일을 하고 있다.

18:30 현세에 여러 배를 받고 영생을 받지 못할 자가 없느니라. 영생을 얻는 것을 넘어 '현세에 여러 배'를 받는 풍성한 삶이라고 말씀하신다. **현세에 여러 배.** 먼저는 물질적인 측면을 생각해 볼 수 있다. 이것도 포함한다. 물질적인 것을 부차저인 것으로 여기는 사람에게 때로는 그것이 부족하지 않고 풍성하게 채워진다. 모든 사람에게 그런 것은 아니겠으나 많은 경우 사역에 필요한 것이 가장 적절하게 채워지는 역사가 있다. 영적인 측면을 생각할 때 더욱더 그러하다. 하나님 나라에 헌신하는 사람에게는 이 땅에서 때로는 고생 길이겠으나 순간 순간이 '여러 배'를 받는 풍성한 삶인 것은 분명하다.

18:31 선지자들을 통하여 기록된 모든 것이 응하는 것. 성경은 메시야가 이 땅에 오셔서 고난 받으실 것을 말씀하고 있다. 그것이 진리의 길이다. 미리 성경을 통해 알려주신 것이다. 우리에게 도 고난이 있다. 성경에

기록된 것이다. 예수님께서 제자들에게 '자기 십자가를 지고 가라'하셨기에 모든 사람들에게 고난의 길이 있다는 것을 알 수 있다. 고난을 절망으로 여기거나 피하려 하지 마라.

18:32-33 삼 일 만에 살아나리라. 예수님의 고난은 참으로 끔찍한 일로 가득하다. 그러나 고난으로 끝나는 것이 아니라 부활로 이어진다. 신앙인의 모든 고난이 그러하다. 어떤 고난도 그것으로 끝나지 않는다. 우리를 사랑하시는 하나님께서 우리의 고난을 선하게 사용하실 것이다. 고난 받는 사람은 고난만 생각하거나 안에만 머무르면 안 된다. 고난에 이어 어떤 일이 일어날지를 바라보고 소망해야 한다.

18:34 제자들이 이것을 하나도 깨닫지 못하였으니. 제자들은 예수님의 말씀을 어쩌면 상징적으로 생각하였을 것이다. 지금까지 많은 상징을 말씀하셨으니 이것도 상징이라고 생각하였을 것이다. 왜 그럴까? 고난에 대한 기피증 때문이다. 성경에 메시야의 고난에 대해 말하고 있어도 사람들은 고난 받는 메시야에 대해 거의 몰랐다. 그들은 '승리하는 메시야'와 '왕 같은 메시야'만 주로 생각하였다. 그들이 그것을 좋아하기 때문이다. 싫은 것은 보지 않으려는 생각이 강하기 때문에 사람들은 고난 받는 메시야에 대해 눈을 닫았다.

18:35 여리고에 가까이 가셨을 때에. 아마 옛 여리고를 나와 헤롯 궁궐이 있는 신 여리고에 가까이 이르신 것 같다. 이곳은 예루살렘에 올라가기 직전에 있다. 이제부터 매우 빠르게 올라가야 한다. 모든 사람의 마음이 급하다.

18:38 맹인이 외쳐. 많은 사람들 가운데 맹인이 외치는 소리는 그리 큰 소리가 되지 못하였을 것이다. 그러나 맹인은 절박하였다. **다윗의 자손 예수여 나를 불쌍히 여기소서.** 그는 예수님을 메시야로 고백하면서 긍휼을 요청하였다. 그는 아마 돈을 구걸하는 것이 아니라 그가 들은 소문에 따라 메시야의 치료를 구하는 마음일 것이다.

18:39 꾸짖어 잠잠하라. 맹인의 외치는 소리를 좋아할 사람이 없다. 그러나 맹인은 **더욱 크게 소리 질러** 말한다. **다윗의 자손이여 나를 불쌍히 여기소서.** 발악을 하듯 외쳤다. 결사항전을 하듯 모든 힘을 다하여 외쳤다.

18:42 보라 네 믿음이 너를 구원하였느니라. 맹인의 간청을 듣고 맹인이 볼 수 있게 하셨다. 그것은 보게 된 것이며 또한 구원이기도 하다.

18:43 하나님께 영광을 돌리며 예수를 따르니. 그는 하나님께 영광을 돌리게 되었다. 하나님이 그에게 임하시는 것을 경험하였다. 눈을 뜨게 되었으니 얼마나 신기할까? 만나고 싶은 사람과 보고 싶은 사람이 얼마나 많을까? 그러나 그는 바로 예수님을 따라갔다. 그것이 그를 더욱 복되게 한다

19 장

19:1 삭개오. 이름의 뜻은 '의인'이다. 그런데 그는 세리였다. 당시 사람들은 세리를 죄인으로 여겼다. 미쉬나에는 세리에게는 거짓말을 해도 되는 것으로 말한다. 그만큼 세리는 이스라엘 안에서 철저히 버려진 사람이다. 삭개오는 세리장이기 때문에 죄인 중의 괴수다. 세리는 로마나 지방 정부를 위해 일하는 사람들이다. 주로 정부에서 내건 경매에 입찰하여 세금 걷는 권리를 따내 세금을 걷었다. 그래서 어떤 의미로는 악덕 업자다. 로마나 로마에 기생하는 지방 왕의 부역자다. 약탈자다.

19:2 키가 작고. 삭개오는 작은 키라는 단점을 극복하고 부자가 되었다. 여리고 신도시 안에서 살았다. 부족할 것이 없는 사람이었다. 그러나 그의 마음은 늘 부족하였던 것 같다.

세상 사람들이 그렇다. 많은 것을 가져 부족할 것이 없어 보이는 사람들이 실제로는 더 많이 부족한 상태일 때가 많다. 많은 것을 가지기 위해 많은 것을 희생하였기 때문이다. 사람들이 부러워하는 것을 가졌는데도 마음 속은 여전히 채워지지 않는 것 때문이다. 사람들을 만날 때 '부족한 것이 없는 사람은 없다'는 것을 기억해야 한다. 많이 가진 것처럼 보여도 실제로는 삭개오다.

19:4 돌무화과나무에 올라가니. 예수님이 지나가시는 것을 알고 보고자 하였으나 사람이 너무 많았다. 삭개오는 골똘히 생각하다 돌무화과나무에 올라갔다. 돌무화과나무는 높이가 10m 가 넘는 큰 나무다. 기둥은 짧으나 가지가 굵고 무성하였다. 성지순례로 여리고를 방문하면 삭개오의 나무라는 곳을 방문한다. 오래된 나무이기는 하지만 그 나무는 백 퍼센트 삭개오 나무가 아니다. 삭개오가 올라간 나무는 신 여리고 안에 있는데 성지순례 때 가는 나무는 오늘날 여리고 도시 안에 있다.

어른이 높은 나무에 올라간 것이 기이하다. 전혀 부족한 것이 없을 것 같은 부자가 올라간 것은 더욱더 이상하다. 세리장이 올라간 것은 더욱더 이상하다. 그것은 재미 있는 이야기가 아니다. 호기심 정도가 아니다. 내면의 절규로 들린다. 삭개오의 마음 안에서는 무엇인가를 향한 절규가 있는 것 같다. 예수님에 대해 익히 들어 알고 있을 것이다. 세리와도 함께 하신다는 말에 더욱더 마음이 갔을 것이다. 그래서 모든 체면을 내려놓고 나무 위로 올라가 대체 어떻게 생긴 사람인지 얼굴이라도 보고 싶었던 것이다.

19:5 내가 오늘 네 집에 유하여야 하겠다. 이 말씀은 온 여리고를 떠들썩하게 할 아주 큰 사건이다. 유대인의 미쉬나에는 '집에 세리가 들어가면 집이 부정해진다'고 말한다. 그런데 세리가 사는 집은 어떨까?

늘 부정하다. 예수님이 세리 집에 가시면 예수님이 부정하여 진다. 제자들도 그러하다. 만약 예수님의 일행 중에 바리새인이 있다면 그는 결코 세리 집에 들어가지 않을 것이다. 그런데 예수님은 의무를 의미하는 동사를 사용하셔서 집에 들어가신다 하셨다. 삭개오의 마음의 절규는 예수님께서 그의 집에 들어가야만 하도록 만들었다.

19:8 내 소유의 절반을 가난한 자들에게 주겠사오며. 그는 예수님의 말씀을 듣고 결단하였다. 오늘날 부자인 사람이 깨달음이 있어 자신의 재산 절반을 가난한 자에게 준다면 어떨까? 그는 사실 그의 전 재산을 내놓은 것이나 마찬가지다. **누구의 것을 속여 빼앗은 일이 있으면 네 갑절이나 가겠나이다.** 누구의 것을 속여서 빼앗았으면 보통은 20%를 더하여 갚도록 되어 있다. 그런데 동물처럼 특별한 의미를 가질 때 최대 4-5 배까지 갚도록 되어 있다. 그는 동물을 빼앗은 경우가 아니지만 갚음에 있어 최대로 잡아 4 배로 갚겠다고 말하고 있다. 말씀 그 이상으로 하고 있다.

19:9 구원이 이 집에 이르렀으니. 믿음으로 구원에 이른다. 믿음은 필연코 열매가 있다. 돈을 위해 열심히 달려온 삭개오의 나눔의 결심은 그가 믿음의 길에 들어섰다는 것을 의미한다. 모든 것을 하였다고 말하였지만 실상은 돈에 매여 있었던 부자 관리와 다른 모습을 보여주고 있다. 결단하지 않고 말로만 믿음의 길을 걷는 사람들이 있다. 그들은 겉은 우아하지만 속은 썩어 있다. 믿음의 사람은 우아한 것이 아니라 결단하는 사람들이다. 진리를 위해 결단해야 한다.

19:10 잃어버린 자를 찾아 구원하려. 이 구절은 누가복음 전체의 주제를 반영한다. 예수님은 '잃어버린 자를 찾아' 오셨다. 잃어버리지 않은 것처럼 우아하게 있는 사람들이 아니라 자신이 잃어버린 존재임을 알고 길을 찾기 위해 간절히 구하는 자에게 오신다. 길을 찾았을 때 길을 가기 위해 모든 힘을 다하는 자들을 찾아오셨다. 길을 알았으면 길을 가기 위해 모든 것을 쏟아야 한다. 모든 것을 쏟지 않으면 진리를 찾은

것이 아니다. 그것이 구원의 길인데 어찌 다른 것에 마음을 둘 수 있겠는가?

19:11 그들은 하나님의 나라가 당장에 나타날 줄을 생각함이더라. 사람들은 예수님이 예루살렘에 도착하시면 정치적 메시야로서 자신을 드러내고 로마의 압제에서 벗어나게 할 것이라 생각하였다. 예수님은 결코 그렇게 말씀하시지 않았는데 사람들은 자기들 멋대로 생각하였다. 그래서 예수님은 그들이 바르게 알도록 하기 위해 므나 비유 이야기를 해주셨다. 예수님은 예루살렘에 십자가를 지기 위해 가고 계신다. 그런데 사람들은 왕위에 등극하기 위해 가시는 것으로 착각하였다. 오늘날에도 예수님은 구원을 위해 일하신다. 그런데 사람들은 물질적인 복이나 자신의 뜻을 이루는 것에만 관심을 가지고 있다. 그렇게 예수님의 마음과 다른 방향으로 가고 있다.

하나님의 나라가 당장에 나타날 줄로 생각함이더라. 물론 이미 하나님의 나라는 임하였다. 그런데 사람들이 생각하는 모든 것에 부족함이 없는 천국의 완성은 당장 오는 것이 아니다

19:12 먼 나라로 갈 때. 예수님은 자신의 떠남을 말씀하시기 위해 '왕위를 받아 가지고 오려고 먼 나라로 가는' 귀인에 대한 비유로 말씀하셨다. 헤롯 대왕이나 그의 아들 헤롯 아킬레오나 지금 갈릴리에 있는 헤롯 안티파스 등은 모두 왕위에 오르기 전 왕위를 받아 가지고 오기 위해 로마에 갔던 사람들이다. 이스라엘은 로마 제국 안에 속한 지역이었고 제후처럼 황제인 로마제국의 황제에게 허락을 받아야 했기 때문이다.

예수님도 떠나실 것이다. 죽으시고 부활하셨다가 다시 재림하신다. 그때는 모든 나라에 대한 영원한 통치권을 가지고 돌아오신다. 로마제국 시대 왕위를 받아 가지고 오려고 떠나는 왕과 정확히 일치하는 것은 아니지만 지금 떠난다는 면에서는 일치한다.

19:13 열 므나를 주며. 종을 불러 모두 한 므나씩 나누어 주었다. 한 므나는 100 일 봉급으로 오늘날로 하면 1000 만원 정도 된다. 귀인이 멀리 떠날 때는 돌아올 때까지 기간이 조금 걸린다. 그래서 일을 맡기고 간 것을 의미한다.

종들 모두 한 므나씩 받았다. 주변을 보면 모두 능력이 다르다. 그러기에 이것은 흔히 말하는 성과 지상주의를 말하는 것이 아니다. 이것은 열심히 일하여 남기는 것을 말한다. 그가 받은 것이 많든 적든 실제로는 모두 한 므나를 받은 것과 같다. 동일하게 다 중요하다. 양적으로 다른 사람보다 더 많이 남기는 것이 아니라 자신이 받은 능력을 사용하여 남기는 것이 중요하다. 이 세상은 일할 수 있음이 영광이다. 귀하다. 자신이 받은 것을 가지고 주님이 오시기 전에 어떻게 더 많은 것을 남길지 힘을 다해 일해야 한다.

19:14 사자를 뒤로 보내어. 귀인이 떠나 갔을 때 그가 왕이 되는 것을 반대하는 사람들이 작업을 하였다. 헤롯 아킬레오같은 경우도 그가 왕이 되는 것을 반대하여 유대인들은 50 명의 사절단을 로마에 보냈었다. 그래서 아킬레오는 아버지 헤롯 대왕의 모든 지역을 다스리지 못하고 한 지역만 다스리게 되었다. 그것처럼 예수님의 왕위 등극에 대해 반대하는 사람들이 있다고 말씀한다.

19:20 내가 수건으로 싸 두었었나이다. 반대하지는 않지만 게으른 사람도 있다. 므나를 수건으로 싸 두었다. 그는 주인이 돌아올 때를 기다리지 않았다. 주인이 돌아올 것이라고 별로 생각하지 않은 것 같다. 그는 주인이 맡긴 므나를 사용하지 않음으로 낭비하였다. 이 세상은 하나님 나라를 위해 일할 수 있는 기회의 땅이다. 기회를 사용하지 않으면 므나를 수건으로 싸 둔 사람과 같다. 주님이 오시기 전 우리는 열심히 준비해야 한다.

19:24 한 므나를 빼앗아. 일하지 않고 한 므나를 따로 보관만 한 사람의 것을 빼앗아 열 므나를 남긴 사람에게 주었다. 한 므나를 열 므나로

남긴 사람이 참으로 귀한 삶을 살았다는 것을 볼 수 있다. 우리 모두는 그렇게 열 배의 삶을 살아 열 므나를 남긴 사람이 되어야 한다.

주님이 오시면 그가 일한대로 주실 것이다. 주님이 오시면 이 땅의 것이 완전히 새로워진다. 새하늘과 새땅이 된다. 그러나 종이 이 땅에서 일한 것은 없어지지 않는다. 열 므나를 남긴 종에게 열 고을을 맡긴다. 그것처럼 이 땅에서 우리가 일한 것은 영원한 나라에서 영향을 미치고 남을 것이다. 이 땅에서의 삶은 영원을 좌우한다. 이 땅에서의 삶은 없어질 것이나 또한 영원하다.

19:30 나귀 새끼. 예수님께서 나귀 새끼를 데려오라 하셨을 때 사람들은 그것이 메시야 계시라는 것을 알았을 것이다. "시온의 딸아 크게 기뻐할지어다 예루살렘의 딸아 즐거이 부를지어다 보라 네 왕이 네게 임하시나니 그는 공의로우시며 구원을 베푸시며 겸손하여서 나귀를 타시나니 나귀의 작은 것 곧 나귀 새끼니라" (슥 9:9) '겸손하여서 나귀를 타신' 메시야를 생각하였을 것이다. 사람들은 비록 말을 탄 메시야를 고대하였지만 '나귀를 타신 메시야'를 알지 못하는 사람은 없었다. 이전까지 예수님은 늘 자신의 메시야 되심을 드러내지 않으셨다. 사람들이 승리자로서 로마를 전복시키는 메시야를 생각했기 때문이다. 아직은 자신이 십자가에 못 박히실 때가 아니셨기 때문이다. 그러나 이제 '자신이 메시야'임을 드러내고 계신다.

19:31 주가 쓰시겠다 하라. 예수님께서 자신을 '주'라고 부르시는 경우는 이곳에 처음 나온다. 남의 나귀를 어찌 그렇게 가져오라 하실까? 당시는 종교적 리더나 정치적 리더가 사람들의 재산을 일시적으로 징집하여 사용할 수 있는 권리가 있었다. 이렇게 말씀하신 것은 예수님께서 자신을 그런 권위를 가진 사람 이상으로 여기시고 말씀하시는 것이다.

19:36 그들이 자기의 겉옷을 길에 펴더라. 이것은 왕을 환영하는 모습이다. 그들은 메시야요 왕으로 오신 예수님을 공식적으로 환영하며 선포하고 있다.

19:37 자기들이 본 바 모든 능한 일로 인하여 기뻐하며 찬양하여. 그들은 예수님을 따르면서 많은 일을 보았다. 경험하였다. 그러한 모든 것의 결론으로 이제 위대한 일이 일어날 것이라 생각하였다. 예수님의 왕위 등극 같은 것을 생각하였던 것으로 보인다. 하나님을 찬양하면서 이제 일어날 일을 가슴벅참으로 바라보았다.

19:38 주의 이름으로 오시는 왕이여. 시편 118 편을 반영하며 예수님을 메시야와 왕으로 선포하는 것이다. 그들의 선포는 매우 대담한 일이다. 그들의 외침을 듣고 어떤 바리새인들이 깜짝 놀라며 제지하고자 하였다.

19:39 당신의 제자들을 책망하소서. 어찌 메시야임을 함부로 선포할 수 있는지 그러니 선생인 당신이 제자들의 가벼운 입 놀림을 막으라고 요청한 것이다. 그런데 예수님은 제자들의 그러한 선포를 막으실 생각이 없으셨다.

19:40 이 사람들이 침묵하면 돌들이 소리 지르리라. 예수님이 메시야요 왕이신 것은 진리다. 그래서 사람들이 말하지 않으면 하나님께서 돌들을 들어서라도 그것을 선포하실 것이다. 진리를 누군가 행하지 않으면 하나님께서 어떤 다른 사람을 사용해서라도 행하신다. 어떤 방식을 사용해서라도 행하신다. 진리를 위해 내가 사용되는 것이 복이다.

19:41 성을 보시고 우시며. 얼마나 마음이 아프시면 눈물을 흘리셨을까? 우리는 예수님이 눈물 흘리신 이유를 잘 살펴보아야 한다. 마음으로 살펴보아야 한다. 다시는 눈물 흘리지 않으시도록.

 19:42 너. '너'가 매우 강조된 문장이다. 예수님은 예루살렘을 의인화하여 말씀하신다. **오늘.** '이 시대에 관하여'로 해석하는 것이 더 좋다. 곧 '하나님 나라의 때'를 의미한다. **평화에 관한 일을 알았더라면.** 하나님 나라가 왔으며 이루어지는 모습을 말한다. 하나님 나라의 왕이신 예수님이 오셨으며 이루어지는 모습이다. **좋을 뻔하였거니와.** 하나님 나라

안에서 이루어가는 평화를 알았다면 예루살렘이 40 년 후에 로마군에 봉기하여 수많은 사람이 죽는 일이 일어나지 않았을 것이라 말씀하시는 것이다.

예루살렘은 40 년 후에 로마에 대항하여 싸운다. 요세푸스는 당시 예루살렘에서만 110 만 명이 죽었다고 기록하고 있다. 조금 과장되었다 생각하여도 최소한 30 만-50 만명은 죽었다고 볼 수 있다. 3 년 동안 포위되어 있을 때 성 안에서는 식량난으로 인해 유대인들 사이에 수많은 약탈과 악행이 자행되었다. 그것을 미리 보고 계시기에 예수님께서 눈물을 흘리시는 것이다.

19:44 네가 보살핌 받는 날을 알지 못함을 인함이니라. '보살핌'을 '하나님의 방문'으로 번역함이 더 좋다. 예수님의 오심에 대한 이야기다. 예수님이 오셔서 구원을 이루어 가고 계신다. 그런데 여전히 메시야의 오심을 생각하지 못하고 정치적으로 로마에서 해방하기 위해 싸우기 때문에 생긴 비극임을 말씀하시는 것이다.

오늘날에도 마찬가지다. 사람들은 구원을 엉뚱한 곳에서 찾는 경우가 많다. 그 과정에 수많은 아픔의 일이 일어나고 있다. 예수님이 이미 오셨다. 예수님을 알아야 구원이 있다. 그런데 더 많은 돈이나 권력을 가져야 구원이 있는 것처럼 생각하여 여전히 다른 사람을 압제하고 다투는 일이 진행되고 있다. 구원이 아닌 곳에서 구원을 찾아 싸우고 있다. 우리의 구원을 위해 그리스도께서 오셨음을 알아야 한다. 주님의 눈물을 알아야 한다.

19:45-24:53 *예수님의 죽으심과 부활과 승천.* 성전 청결을 통해 예수님의 죽으심을 미리 보여주며 죽으심으로 끝나지 않고 부활하시고 승천하심으로 하나님 나라를 소망하게 한다.

19:45 장사하는 자들을 내쫓으시며. 예수님은 성전(이방인의 뜰)에서 장사하는 사람들을 쫓아내셨다. 분노하시며 쫓아내셨다. 예수님의 분노의 대상은 유월절 예루살렘의 치안을 위해 있었던 로마 병사가

아니었다. 열심히 유월절을 준비하고 있던 성전 내의 장사하는 사람들이었다.

19:46 내집은 기도하는 집이 되리라. '기도'는 하나님과의 대화다. 먼 곳에 있을 때 이스라엘 백성은 성전을 향하여 문을 열고 기도했다. 성전은 하나님께서 특별히 거하시는 곳이다. **기도하는 집.** 기도에 초점이 있는 것이 아니라 '하나님'께 초점이 있다. 먼 곳에서 하나님을 바라보기 위해 성전을 향하여 기도하던 이들이 성전에 왔을 때 얼마나 감격하였을까? 그들은 성전에 계시는 하나님을 바라보며 기도하였다. **강도의 소굴.** 성전은 하나님 중심이어야 한다. 그런데 사람 중심이었다는 것을 의미한다. 탐욕과 거짓으로 가득한 사람들이 자신들의 탐욕을 채우고 거짓 술수를 부리는 곳이 되었다는 뜻이다. '강도의 소굴'에서는 강도에 초점이 있다. 하나님이 중심이 되어야 하는 곳이 사람이 중심이 되어 있는 모양이다.

성전이라 말하고 거룩한 의식을 행하면서 사람들의 마음은 하나님이 아니라 자신들의 생각과 이익에 눈이 멀어 있었다. 그래서 그들은 메시야가 오셨음에도 불구하고 알지 못하고 여전히 자신들의 기득권을 지키기 위해 싸우고 있었다. 예수님을 배척하였다.

20 장

20:1-21:38 *고난주간 화요일.* 예수님의 고난주간 화요일에 일어난 사건과 말씀이다. 주로 가르치는 사역에 집중하셨다.

20:1 하루는. 고난주간의 화요일이다. 예수님은 이제 며칠 남지 않은 시간 힘을 다하여 천국에 대해 가르치신다. **대체사장들과 서기관들이 장로들과 함께 가까이 와서.** '대제사장들'은 전직과 현직 대제사장을 함께 말하기 때문에 복수를 사용한다. 대제사장들까지 예수님께 직접 온 것을

보면 매우 큰 일이 일어나고 있다는 것을 알 수 있다. 그들은 정식으로 산헤드린을 대표하여 예수님께 나온 것으로 보인다. 대체 무슨 일로 산헤드린의 최고직 사람들이 예수라는 별볼일 없는 사람 앞에 온 것일까?

20:2 당신이 무슨 권위로 이런 일을 하는지 우리에게 말하라. 그들은 어제(고난 주간 월요일) 있었던 예수님의 성전 청결 사건을 보고 받았던 것으로 보인다. 어쩌면 멀리서 지켜보았을 수도 있다. 참으로 황당하고 놀랄 일이었을 것이다. 그것은 그들의 권위에 대한 정면 도전이었다. 그러나 그것을 먼저 말하지 않았다. 자신들도 걸리는 것이 있기 때문이다. 대신 다른 것으로 시비를 건다. 예수님이 지금 가르치고 계셨다. 그래서 그런 가르치는 권위를 누가 주었는지 물었다. 당시 랍비는 오늘날 목사 안수식과 같은 과정을 거쳤다. 그래서 쉽게 말하면 '어떤 랍비로부터 안수를 받았느냐'고 묻는 것이기도 하다. 랍비로 세워지지도 않았으면서 가르치고 있으면 그것은 자격 미달이요. 함량미달인 것이다. 그것을 사람들에게 드러내고자 하는 것 같다. 랍비 자격은 중요한 문제일 것이다. 말씀을 바르게 가르치기 위해서 랍비에게 먼저 배워야 하고 성경에 대한 지식을 익혀야 하는 것이 많기 때문에 배우고 안수를 받는 것은 중요한 일이다. 그러나 그것이 전부는 아니다.

20:4 세례 요한의 자격은 무엇인지 물으셨다. 세례요한이 그렇게 세례를 주며 회개를 가르친 것은 하늘(하나님)로부터 주어진 권위에 의한 것인지 아니면 사람(안수식과 같은)으로 부터 온 것인지 물으셨다. 세례요한은 본래 제사장 집안 사람이다. 그런데 그는 일찍 광야로 나갔기 때문에 제사장으로 안수받지 않은 것으로 보인다. 제사장으로 세우는 위임식도 없었는데 그렇다면 세례요한의 자격은 전혀 없는 것인가 물으셨다.

20:5 의논. 그들은 무엇이 진리인지를 생각하지 않았다. 그들의 대답의 결과를 먼저 생각하였다. 어떤 것을 대답하여도 결과가 안 좋다는 것을 알고 대답을 거부하였다. 예수님의 질문은 산헤드린 사람들을 곤란하게

만드는 목적만 가지고 있었던 것은 아닌 것 같다. 산헤드린 사람들이 세례요한의 경우를 잘 이해하면 예수님께 질문한 것에 대해서도 답을 얻을 수 있었다.

20:6 백성이 요한을 선지자로 인정하니. 이스라엘은 선지자에 대한 극진한 인정문화를 가지고 있다. 그들이 잘 알고 있었던 마카비전서에 보면 '진정한 예언자'를 기다리는 내용이 나온다. "그러므로 유다 국민과 사제는 다음과 같이 결정하였다. 진정한 예언자가 나타날 때까지 우리는 시몬을 영구적인 영도자, 대사제로 삼는다." (1 마카 14:41) 사람이 세우는 왕이나 대제사장이라는 큰 직책도 하나님께서 세우시는 선지자가 있을 때 선지자에게 순종해야 한다. 선지자가 힘도 없고 화려하지 않아도 하나님께서 세우신 것이기에 그에게 순종해야 한다.
세례요한이 그러하다. 그를 선지자로 하나님께서 세우셨다. 대중들조차도 그를 선지자로 여긴다. 세례요한은 예수님을 메시야로 인정하였다. 메시야는 그들 모두가 기다리고 기다리던 분이다. 메시야는 사람이 세우는 것이 아니다. 온전히 하나님께서 세우시고 보내신다. 그런데 지금 예수님을 사람들이 주는 안수를 받지 않았다고 권위를 무시하고 있다. 하나님께서 세우신 권위에 대해 무지한 것이다.

20:9 백성에게 말씀하시기 시작하시니라. 예수님의 가르침을 듣고 있던 청중과 예수님께 권위의 출처를 물었던 산헤드린 지도자들까지 함께 '백성'에 포함된다.
한 사람이 포도원을 만들어 농부들에게 세로 주고. '한 사람'은 하나님을 상징한다. '포도원'은 하나님께서 이스라엘에게 주신 특권을 상징한다. 이스라엘을 하나님의 백성이 되게 하시고 놀라운 은혜를 주셨다.

20:10 종을 농부들에게 보내니. '종'은 선지자들을 상징한다. 선지자들을 보내셔서 하나님의 뜻을 전하며 하나님의 백성으로 살도록 하셨다. 그러나 많은 이들이 그것을 대적하였다.

20:15 포도원 밖에 내쫓아 죽였느니라. 주인이 아들을 보냈는데 결국 아들까지 죽였음을 말씀한다. 이것은 예루살렘의 산헤드린 사람들이 하나님의 아들이신 예수님을 죽이시는 것을 미리 말씀하신 것이다.

20:16 와서 농부들을 진멸하고. 이것은 40 년 후에 있을 예루살렘의 멸망을 말씀하시는 것이다. **다른 사람들에게 주리라.** 다른 사람은 '이방인'을 상징한다. 하나님의 특권이 이제 이방인에게 넘겨진다는 뜻이다.

20:17 포도원 이야기의 결론은 성경 한 구절로 결말을 맺는다. "건축자가 버린 돌이 집 모퉁이의 머릿돌이 되었나니" (시 118:22) 이 말씀을 인용하셨다.
건축자의 버린 돌이 모퉁이의 머릿돌이 되었느니라. 이 말씀의 의미에 대해 물으신다. '버린 돌'은 집을 짓는 사람이 돌 모양이 안 좋아서 버린 돌이다. '모퉁이의 머릿돌'은 조금 설명이 필요하다. '모퉁이'는 두 방향이 만나는 곳을 의미한다. '머릿돌'은 잘못된 번역이다. '머릿돌'의 한국어 의미는 '정초식(定礎式) 때, 연월일 따위를 새겨서 일정한 자리에 앉히는 돌'이다. 성경에서 말하는 돌과는 전혀 다른 의미다. 머릿돌이라고 번역하는 이유는 히브리어나 헬라어가 '머리'라는 의미를 가지고 있기 때문일 것이다. 그러나 한국어 머릿돌은 완전히 다른 돌이기에 잘못된 번역이다.
'머릿돌'에 해당하는 히브리어나 헬라어가 어떤 돌을 의미하는지에 대해서는 크게 3 가지 가능성이 있다. 1.건물의 모퉁이의 기초석이다. 코너스톤으로 번역하는 영어성경이 많다. 2. 아치형의 가운데 들어가는 중심돌이다. 이 돌도 기촛돌 역할을 한다. 이곳에 들어가는 돌은 모양이 독특하다. 주로 사다리꼴이다. 왼쪽에서 오는 돌과 오른쪽에서 오는 돌의 중앙에서 자리를 잡으면 아주 튼튼하게 세워진다. 영어로는 주로 키스톤으로 번역한다. 3.상인방을 의미할 수 있다. 출입 문이나 창 틀의 위에 커다란 돌이다. 이 경우 영어는 캡스톤으로 번역한다. 이것 또한 왼쪽과 오른쪽을 다 받쳐주어야 하기 때문에 모양이 매우 독특하다.

집을 짓는 사람은 돌 모양이 특이하고 또는 너무 커서 벽돌로 쓰기 적당하지 않다고 생각하여 버린 돌이었다. 그런데 사실은 쓸모없는 것이 아니라 가장 중요한 돌이다. 집을 건축하면서 가장 중요한 돌이 된다. 그것처럼 사람들이 예수님을 변방의 하찮은 사람으로 생각하고 함부로 죽이기까지 할 것이다. 그러나 예수님은 메시야다.

20:18 돌 위에 떨어지는 자는 깨어지겠고. 이것은 다른 이미지다. 이 돌은 회개하지 않는 사람에게 걸림돌이 되어 사람을 넘어지게 할 것이다. 깨어지게 될 것이다. 돌이 심판자가 되는 것이다. **돌이 사람 위에 떨어지면 그를 가루로 만들어 흩으리라.** 이 돌은 '하나님 나라'를 상징한다. 하나님 나라가 그들에게 임할 때 세상 나라에 빠져 살고 있던 사람들의 모든 것이 가루가 될 것이다. 아무 의미 없는 것이 된다. 이 돌은 심판을 내포하고 있다.

20:19 이 비유는 자기들을 가리켜 말씀하신 줄 알고 즉시 잡고자 하되 백성을 두려워하더라. 그들은 자신들을 매우 강하게 책망하시는 예수님을 붙잡고 싶었으나 사람들 때문에 잡지 않았다. 그렇게 사람의 눈치는 잘 보았다. 이스라엘의 종교적 지도자들이면서도 하나님의 뜻에 대해서는 생각하지 않았다. 하나님을 두려워하지 않고 사람을 두려워하며 선택을 하기 때문에 그들이 하는 일이 결코 선한 방향으로 가지 못했다.

20:20 예수를 총독의 다스림과 권세 아래에 넘기게 하려 하여. 로마의 손을 빌어 예수님을 처리하고자 하였다. **스스로 의인인 체하며.** 스파이를 통해 질문을 할 때 '말씀을 잘 지키기 위해 노력하는 사람인 것처럼' 가장하여 질문하게 하였다. 진지하게 질문을 하면 예수님이 진지하게 대답을 해 주실 것이라 생각한 것이다. 그들은 당연히 '세금을 내지 마라'는 답을 하실 것이라 예상하였던 것 같다.

20:21 산헤드린 사람들이 보낸 스파이는 예수님께서 하시는 말씀을 들었을 것이다. 고난주간 화요일에 말씀이 이어지고 있었다.

누가복음에는 화요일에 하신 말씀이 많이 기록되어 있다. 아주 많은 말씀을 하고 계시는 것을 볼 수 있다. 그들은 천국과 복음에 대해 피를 토하며 가르치시는 예수님의 말씀을 들으면서도 어떻게 하면 예수님을 로마의 손에 넘길 수 있는지 생각하고 있었다.

오직 진리로써 하나님의 도를 가르치시나이다. 그들은 '여호와'라는 이름을 발음만 하여도 영원한 지옥에 떨어진다고 생각하였던 사람들이다. 그런데 고유명사가 아니라 하나님을 지칭하는 '데오스'라는 단어는 그렇게 함부로 거짓을 위해 사용해도 될까? 하나님을 고유명사인 '여호와'라고 부르든 보통명사인 '하나님'이라 부르든 동일하게 진심으로 불러야 한다. 그런데 예수님을 함정에 빠지게 하기 위해 마음에도 없이 하나님 칭호를 이용하고 있다. 그렇다면 이것이야 말로 진정으로 큰 죄가 아닐까? 그들 입장에서도 말이다.

20:22 이 질문은 오늘날 우리들에게도 유명하지만 당시에는 매우 큰 딜레마로서 사람들의 불화를 일으키고 이율배반적인 행동으로 대표적인 것이었다. 질문하는 산헤드린 사람이나 이스라엘에서 활동하는 사람들은 모두 세금을 내고 있었을 것이다. 그러나 로마에 내는 세금이 그들을 강압하는 수단으로 사용될 것이기 때문에 세금에 강하게 저항하는 마음이 있었다. 어떤 이들은 종교적인 이유로 세금을 내지 않기도 하였다. 로마의 통치 속에서 살아가기 위해서는 내야 하지만 내지 않고 싶은 마음이 가득한 시대 사람들의 이율배반과 아픔을 사용하여 예수님을 걸고 넘어지려고 하였던 것이다.

20:23 간계. 그들이 로마에 고발할 거리를 잡고자 한다는 것을 아셨다. 그래서 조금 더 심오한 해석이 필요한 말씀으로 대답하셨다. 그들의 간계를 무너뜨리기 위한 목적만이 아니라 사람들이 진리를 깨달을 수 있도록 말씀하셨다.

20:24 데나리온 하나를 내게 보이라 누구의 형상과 글이 여기 있느냐. 당시 여러 종류의 화폐가 있었다. 데나리온이라는 화폐 단위는 로마 화폐로서

그 화폐에는 모두 당시 로마 황제인 티베리우스의 얼굴과 이름이 새겨져 있었다. 그래서 성전세를 낼 때는 2 계명을 범하지 않기 위해 로마의 데나리온 화폐가 아니라 로마 황제가 새겨져 있지 않은 두로 화폐로 바꾸어 냈다. 그래서 성전에 화폐 환전상이 있었다.

20:25 이 대답은 유명하면서도 제대로 이해하지 못하는 경우가 많다. 이것은 책잡고자 하는 이의 질문을 매우 재치 있게 대답하시는 것이면서도 진리를 담고 있다. '가이사의 것은 가이사에게 하나님의 것은 하나님께 바치라'고 말씀하실 때 가이사의 것과 하나님의 것을 나누고 있는 것처럼 생각하기 쉽다. 그러나 이것은 성과속의 구분이 아니다. 이 말씀은 세상과 하나님의 통치를 나누고 있는 것이 아니다. 사실 '가이사의 것은 하나님의 것에 속한 것'이다.
가이사의 것은 가이사에게. 황제에게 세금을 내는 것이 맞다고 대답하신 것이다. 하나님께서 황제에게 세금 걷을 권한을 주셨다. 그러니 황제에게 세금을 내는 것은 하나님께 세금을 내는 것이나 같다. 당연히 내야 한다. **하나님의 것은 하나님께 바치라.** '하나님의 것'은 성전세나 십일조 등 만을 의미하는 것이 아니다. 앞에서 말씀하신 가이사의 것을 포함한 모든 것이 하나님의 것이다. 세금 내는 것도 하나님의 것을 하나님께 바치는 마음으로 내야 한다. 하나님을 향한 영광과 두려움과 찬양함으로 내야 한다.

20:27 부활이 없다고 주장하는 사두개인. 사두개인은 이스라엘의 제사장들 안에 있는 분파로 보인다. 매우 소수의 사람이었다. 그러나 정치와 권력에 있어 큰 영향력을 가지고 있었다. 이성을 강조하였다. 그들은 이스라엘의 구전 전통을 받아들이지 않았다. 또한 대부분의 이스라엘 사람들과는 다르게 부활을 믿지 않았다. 그들은 모세오경만 권위 있는 성경으로 여겼는데 모세 오경에는 부활에 대해 명시적으로 말하는 곳이 없기 때문이다.

20:28 이스라엘이나 고대 다른 지역에서는 형이 자손 없이 죽으면 동생이 형수와 결혼하여 첫번째 낳은 아들을 형의 자식으로 등록하여 형의 자손을 이어주는 법이 있는 경우가 있었다. 이것이 부활을 믿지 않는 그들에게 좋은 이야깃거리가 되었다.

20:33 그 중에 누구의 아내가 되리이까. 이 땅에서는 형제들이 죽었기 때문에 여인이 계속 한 남자의 아내였지만 부활하면 누구의 아내로 살아야 하는지 물었다. 자신들은 한 남편이 여러 아내를 데리고 사는 것은 자연스럽게 생각하면서 한 아내가 여러 남편을 두고 사는 것은 상상도 할 수 없었던 것이다. 이성적이라 하면서도 실제로는 남자와 여자를 평등하지 않게 보고 있다. 그러기에 그 안에 벌써 모순이 있다. 사람의 이성이 그렇다. 자신은 똑똑하다 생각하는데 그것은 자신의 생각 안에서 그런 것이다. 조금만 다른 것을 가지고 생각해 보면 매우 불합리한 경우가 많다. 사람은 이성적이어야 한다. 하나님께서 주신 것이기 때문이다. 할 수만 있으면 이성적이어야 한다. 그러나 자신의 이성의 한계를 알아야 한다. 인정해야 한다.

20:34-35 이 세상...저 세상. 사두개인들은 자신들이 살고 있는 이 세상만 생각하였다. 그러나 자신들이 죽어 부활하여 살게 될 저 세상은 이 세상과 많이 다르다. 새하늘과 새 땅이다. 같은 하늘과 땅이지만 많이 다르다. 부활하여 살게 될 나라에서는 더 이상 자손이 증식될 필요가 없다. 세상에서 울타리 역할을 하는 부부와 가정도 필요하지 않다. 충분히 많은 사람이 충분히 친밀하게 함께 살게 될 것이기 때문이다. 모두 믿음의 한 가족이다. 이 땅에서 혈통적인 가족 이상의 가족이 될 것이다. 그래서 결혼하고 자녀를 낳는 일은 더 이상 존재하지 않게 된다. 모두가 같은 인격체다. 부모와 자녀같은 위 아래가 없다.

20:36 죽을 수도 없나니. 부활 후에는 영원한 삶을 살게 될 것이다. **천사와 동등이요.** '천사와 같이'다. 천사들이 죽지 않는 것처럼 죽지 않고 천사들이 결혼하지 않고 자녀를 낳지 않는 것처럼 부활한 몸은 결혼하지

않고 자녀를 낳지 않는 것을 말씀하신 것이다. 모두 동일하게 하나님의 자녀이지 우리가 어떤 사람의 자녀가 아니다.

20:41 그들. 39절에 나오는 서기관. '서기관'은 '쓰다'라는 동사에서 나온 말이다. '읽고 쓰는' 능력을 기르고 사용하는 부류의 사람들을 의미한다. 오늘날은 읽고 쓰는 것이 별 것 아니지만 읽고 쓸 줄 알았던 사람이 매우 적었던 고대에는 아주 특별한 사람들이었다. 신약 시대에도 여전히 읽고 쓰는 사람이 적어서 매우 큰 역할을 하였다. 종교적인 영역에서 성경 필사와 교육 그리고 정치와 행정 등 모든 부분에서 필수적인 사람들이다.

그리스도를 다윗의 자손이라 하느냐. 그리스도 즉 메시야에 대해 대중들이 가장 선호하는 칭호는 '다윗의 자손'이었다. 그런 이유를 서기관에게 물으셨다. 70인역에 있는 '솔로몬의 시편'이라는 책에서 메시야를 '다윗의 자손'이라 하면서 설명하기를 '강력한 힘으로 세상 거짓 왕을 제압하는 왕'으로 나온다. 그러한 생각이 메시야에 대한 잘못된 지식을 갖게 만들었다. 그들은 메시야를 다윗의 후손으로서 가장 위대한 선왕인 다윗과 같은 태평성대를 이끌 왕으로 생각하였다. 그러면 메시야는 다윗의 후손으로 다윗보다 못한 사람이 된다.

20:42 주께서 내 주께 이르시되. 앞의 '주'는 성부 하나님을 의미하고, 두 번째 '주'는 메시야로서 예수님을 의미한다. 다윗에게는 성부 하나님이나 예수님이나 그에게 '주'였다. 메시야는 다윗의 후손이지만 다윗과 같은 왕이 아니라 다윗보다 더 뛰어난 왕이다. 차원이 다른 왕이다. 영원한 나라의 왕이다. 예수님은 그것을 가르치기 위해 '다윗의 자손'이라는 단어가 만들어내는 잘못된 어감에 대해 더 알아야 한다는 것을 가르치신 것이다. 서기관은 하나님의 말씀을 바르게 전해야 하는 책임이 있었다. 그런데 그들이 메시야를 잘못 가르침으로 사람들이 잘못된 메시야 지식을 가지게 되었다. 그것을 그들이 통감해야 했다.

20:46 긴 옷을 입고 다니는 것을 원하는 서기관. '긴 옷'은 아마 서기관들이 자신들이 더 드러나도록 하는 제복 역할을 하는 늘어뜨린 옷을 의미할 것이다. **시장에서 문안 받는 것을 좋아하는 서기관.** 단순한 인사가 아니라 훌륭한 사람을 향한 명예를 존중하고 공경하는 인사를 의미한다. **회당의 높은 자리와 잔치의 윗자리.** 회당의 앞자리나 주인과 가까운 자리로 자신들의 명예를 더 높이는 자리이다.

20:47 과부의 가산을 삼키며. 이것은 어쩌면 그가 과부의 후견인이 되었는데 글을 알고 있다는 장점을 가지고 글을 모르는 과부에게 사기를 쳐서 그의 재산을 강탈하는 것을 말씀하는 것일 수 있다. 아니면 과부가 부자여서 그가 서기관을 돕는데 과부의 환대를 남용하는 모습을 말하는 것일 수도 있다. **외식으로 길게 기도하니.** 기도하는 가장 거룩한 시간마저 철저히 외식적인 그의 모습을 책망하신다. **그들이 더 엄중한 심판을 받으리라.** 더 많은 능력으로 더 많은 악을 행하였기 때문에 더 엄중한 심판을 받을 것이다. 교회의 지도자들이 때로는 이런 모습을 많이 가지고 있다. 그렇다면 그들은 분명히 더 엄중한 심판을 받을 것이다.

21 장

21:1 헌금함. 성전 여인의 뜰에 헌금 항목이 새겨 있는 트럼펫 모양의 헌금 박스 13 개가 있었다. 각 박스마다 올해 성전세, 옛 성전세(세겔), 번제, 비둘기 번제, 나무, 향료, 자비의 자리(언약궤)를 위한 금 등 다양한 항목이 새겨저 있었다.

21:2 부자들이 헌금함에 헌금 넣는 것. 부자는 13 개의 박스 중에 돌아가면서 항목에 맞는 것을 넣었을 것이다. 금 항목이 적힌 헌금함에 설 수 있는 사람은 지극히 소수였을 것이다. 매우 당당히 넣었을 것이다.

21:3 가난한 과부가 두 렙돈 넣는 것을 보시고. '렙돈'은 당시 거래되던 화폐 중에서 가장 최소 단위였다. 하루 품삯(데나리온)의 1/128 에 해당하는 돈이다. 750 원 정도된다. 두 렙돈이니 1500 원이다. 동으로 되었으며 무게도 적었기에 헌금함에 넣을 때 소리도 거의 안 났을 것이다. 이 정도 금액이면 각각의 항목이 적힌 헌금함 중에 어느 곳에 넣어야 할지 막막하였을 것이다. 어느 항목도 적당하지 않았다. 그렇게 싼 헌물이 없기 때문이다. 망설이다가 부끄럽게 넣었을 것이다. 다른 사람이 액수를 보지 못하였으면 좋겠는데 그렇지 않았나 보다. 사람들은 그가 넣는 돈의 액수를 알 수 있었던 것 같다.

이 가난한 과부가 다른 모든 사람보다 많이 넣었도다. 여자는 너무 적어 부끄러웠고 그것을 보는 사람들은 그를 참으로 가볍게 생각하였을 것이다. 그러나 주님은 그가 가장 많은 헌금을 하였다고 말씀하셨다. 사람들은 또 한 번 의아했을 것이다. 그러나 당시 히브리 문화나 헬라 문화에서도 '기부나 헌금은 그가 가진 재산에 비례하여 평가되어야 한다'는 격언들을 가지고 있었다. 이 과부가 드린 헌금 1500 원은 지극히 적은 돈이었으나 그가 가진 돈에 비례하면 다른 사람보다 더 많은 액수였던 것이다. 사람들은 가진 재산에 비례한다는 격언을 가지고 있으면서도 적게 헌금하는 사람을 보면 비웃곤 한다. 그래서 민초(잡초와 같은 평범한 백성)의 삶은 힘들다. 믿음생활까지도 힘들다. 그러나 우리는 여기에서 사람들의 시선이 아니라 예수님의 말씀을 믿어야 한다. 이 여인의 담대한 용기를 배워야 한다. 작은자라고 자신의 삶을 가벼이 여기거나 자신의 헌신을 포기하지 말아야 한다.

21:5 어떤 사람들이 성전을 가리켜 아름다운 돌과 헌물. '아름다운 돌'은 성전을 둘러싸고 있는 돌에 대한 이야기다. 10m-20m 크기의 엄청난 대리석으로 세워진 담이 일품이었다. 멀리서 보면 눈 덮인 산처럼 보였다고 말한다. 거대한 돌이 쌓여 있는 모습만 보아도 참으로 아름답고 웅장해 보였을 것이다. **헌물로 꾸민 것.** 성전을 위해 헌물을 드린 사람들의 돈으로 꾸민 것을 말한다. 사람 크기만한 금 포도송이가 벽에 주렁주렁 부착되었었다고 말한다. 그런 종류의 것들을 말할 것이다,

21:6 성전 재건축은 주후 63 년에 완성됨으로 약 83 년 정도의 시간이 소요되었다. 그러나 성전은 7 년만에 로마군에 의해 완전히 무너지게 된다. 외벽의 아주 작은 부분인 지금의 통곡의 벽과 로마군 요새 쪽을 제외한 모든 부분이 완전히 철저히 파괴되었다.

21:8 내가 그라 하며 때가 가까이 왔다 하겠으나 그를 따르지 말라. '내가 메시야다'하는 이들을 따르지 말라는 말씀이다. 그때 무엇을 해야 하는지에 대해 이후에 자세히 말씀하신다. 예루살렘의 멸망과 더 나아가 온 세상의 멸망인 예수님의 재림까지 말씀하신다.

21:10-11 이 구절을 사람들은 예수님이 오실 징조로 말하는 경우가 많다. 그러나 이것은 예수님이 오실 징조가 아니라 예수님의 초림부터 재림 사이에 항상 일어날 일을 말하는 것이다. 역사의 전형적인 모습이다. 지금까지 이러한 일이 없었을 때가 있었는가? 늘 반복하여 일어났다. 주님 오시기 전까지 세상은 항상 그렇게 혼란과 환란이 있을 것이다. 세상의 혼란과 환란은 이상한 것이 아니라 일반적인 일이다.

21:12 이 구절에서 말하는 내용은 사도행전에 기록된 시대를 잘 반영하고 있다. 믿는 이들이 소수였기에 그때는 수많은 박해를 받게 될 것이다. 주 후 30 년부터 예루살렘이 멸망하는 70 년까지 약 40 년 동안의 시기다. 바울도 5 번이나 40 에 한 번 감한 매질을 당하였는데 아마 회당에서 그렇게 당하였을 것이다. 많은 기독교인들이 임금과 집권자들 앞에 끌려갔다.

21:16 가족으로부터 쫓겨나기도 하고 친구로부터 배신당하기도 할 것이다. 그렇게 복음을 전하는 일에 수많은 난관에 봉착할 것이다. 복음은 편하거나 어려움이 없기 때문에 믿고 전하는 것이 아니다. 오직 진리이기 때문에 전한다. 진리이기 때문에 모든 난관을 이긴다.

21:18 머리털 하나도 상하지 아니하리라. 완벽한 보호를 뜻하는 관용구다. 이 말씀의 앞 부분을 보라. 신앙인들이 머리털이 상하는 것을 넘어 여러 사람들(회당(유대인), 임금(헤롯의 아들 분봉왕), 집권자(로마의 총독))에 위해 끌려 다니고, 옥에 갇히고, 심지어는 순교(스데반이나 야고보처럼)까지 하게 될 것이다. 그러니 이 말씀은 사람들이 흔히 생각하는 것처럼 신앙인이 그렇게 고난 받지 않고 보호받는다는 의미가 아니다.

믿음 때문에 세상에서 손해는 보겠지만 영적으로는 결코 손해보지 않는다는 의미이다. 하나님께서 철저히 지키실 것이기 때문이다. 예를 들어 스데반이 믿음 때문에 죽임을 당한다. 그렇다면 하나님께서 그를 보호하지 않으신 것일까? 아니다. 하나님께서 완벽하게 보호하셨다. 스데반은 그렇게 순교하였을 때 가장 아름다운 삶을 살았고 승리한 모습이다. 완벽히 하나님께서 보호하신 모습이다. 세상의 혼란과 환란이 믿음의 사람의 영적인 이익을 손상시키지 못한다. 그러기에 담대하게 살아가야 한다.

21:21 산으로 도망할 것이며. 본래 전쟁이 일어나면 성밖에 있는 사람도 성 안으로 피신해야 한다. 그런데 예수님은 성밖으로 가라고 말씀하셨다. 실제 예루살렘이 로마군의 공격을 받을 때 수많은 사람들이 예루살렘 성 안으로 피신하였다. 예루살렘에는 평상시 인구의 20 배 사람들이 모여들었다. 그런데 초대교회 역사가인 요세푸스의 기록에 의하면 기독교인들은 유대인의 반란 때 다른 곳으로 피신하여 목숨을 건질 수 있었다고 말한다.

21:22 징벌의 날이라. 예수님께서 신앙인에게 예루살렘을 떠나라 하신 이유는 그 날이 예루살렘에 대한 징계의 날이기 때문이다. 예루살렘의 멸망은 선지자들에 의해 여러 차례 이야기되었다. 바벨론에 의해 멸망할 때에 그러하였다. 또한 이제 로마군에 의해 멸망할 때도 기록된 말씀대로 그들의 죄 때문에 멸망하는 것이다.

21:23 아이 밴 자들과 젖먹이는 자들에게 화가 있으리니. 보통 아이 밴 자들과 젖먹이는 자들은 복된 자라고 말한다. 그러나 멸망의 때에는 오히려 더욱더 비참함을 겪게 될 것이다. 요세푸스가 기록한 것에 의하면 '한 영아를 키우는 여인이 예루살렘이 포위되어 있을 때 먹을 것이 없어 자신의 아이를 요리해 먹었다' 말한다. 그로 인하여 사람들은 차라리 굶어 죽은 자가 더 복되다고 하며 한탄하였다고 한다.

21:27 인자가 구름을 타고 오는 것을 보리라. 이 구절을 대부분 누가복음 학자들은 예수님의 재림으로 해석한다. 그러나 나는 소수 의견에 따라 예루살렘의 멸망으로 해석하고자 한다. 이러한 해석이 32 절에 대한 해석이나 마태복음의 본문과 함께 생각하면 훨씬 더 자연스럽기 때문이다.

인자가 구름을 타고 온다는 것은 '심판'을 상징한다. 이후에 재림하실 때도 구름 타고 오실 것이다. 그러나 이 땅은 예수님이 초림하신 이후 항상 통치하신다. 그래서 예루살렘의 멸망은 예수님의 다스리심의 모습이며 심판이다. 그러기에 예루살렘의 멸망에서 단순히 아픔 때문에 두려워할 것이 아니라 예수님의 심판을 보면서 두려워해야 한다. 이 땅에서 예루살렘의 멸망이라는 작은 심판을 통해 예수님의 이후 재림의 심판까지 생각하면서 깨달아야 한다. 작은 심판에 정신 차리고 예수님의 큰 심판(재림)을 준비할 수 있게 된다면 오히려 복이다.

21:32 이 세대가 지나가기 전에 다 이루어지리라. 지금까지 말씀하신 예루살렘의 멸망이 곧 임할 것을 말씀하신다. 엄청난 일이 곧 일어날 것이다. 그러기에 신앙인들은 더욱더 말씀에 따라 가야 한다.

21:33 내 말은 없어지지 아니하리라. 직접적으로는 예루살렘의 멸망에 대한 말씀을 의미한다. 더 나아가서는 신구약 전체 말씀이다. 하나님 말씀은 영원하다. 이 말씀을 잘 기억한다면 예루살렘의 멸망이라는 참으로 큰 고통의 날에도 두려워하지 않고 묵묵히 걸어갈 수 있을 것이다.

21:34 마태복음에서는 재림 이야기도 길게 나온다. 그런데 누가복음에서는 재림 이야기는 아주 짧게 나온다. 아마 사도행전으로 이어지는 많은 이야기를 더 해야 하기 때문인 것 같다.

스스로 조심하라. 예루살렘의 멸망과 같은 작은 심판에는 늘 징조가 있다. 로마가 갑자기 예루살렘을 멸망시킨 것이 아니다. 유대인들의 반란이 있었기 때문이다. 반란을 보면 예루살렘의 멸망이 있을 것을 예상할 수 있다. 그런데 주님의 재림은 징조가 없다. 도적같이 갑자기 임할 것이다. 굳이 징조를 찾으면 '작은 심판'을 생각할 수 있다. 세상에 임하는 사건(작은 심판)들을 통해 죄에 대한 심판이 있다는 것을 깨달을 수 있다. 그러한 심판은 영원한 심판과 연결된다는 것을 알 수 있다. 그러나 작은 심판을 통한 깨달음 외에 시간적 임박성을 느낄 수 있는 징조는 아무것도 없다.

염려로 마음이 둔하여지고 뜻밖에 그 날이 덫과 같이 너희에게 임하리라. 어느 날이 아니라 우리 인생의 모든 날을 주님의 재림을 준비하며 산 사람은 결코 그에게 그 날이 '덫'과 같지 않을 것이다. 그러나 세상 일에 염려하고 마음이 하나님의 나라와 통치에 둔한 사람은 그 날이 '덫'같이 임할 것이다.

21:35 온 지구상에 거하는 모든 사람에게. 이 날은 작은 심판과 다르다. 이 날은 끝이다. 기회의 끝이다. 예루살렘의 멸망에는 목숨이 살아 있으면 다시 기회가 있다. 모든 것을 잃었어도 다시 일어날 기회가 있다. 그러나 예수님이 재림하시면 그 이후 아무리 회개하고 싶어도 회개할 수 없다. 일어나고 싶어도 일어날 수 없다. 그때는 오직 그때까지 살아온 것을 가지고 심판을 받게 된다.

21:36 인자 앞에 서도록 항상 기도하며 깨어 있어야. 부끄러움이 아니라 영광 가운데 인자 앞에 서기 위해서는 항상 '깨어' 있어야 한다고 말씀하신다. 깨어 있기 위해 항상 기도해야 한다. 기도함으로 하나님과 교통하면서 재림을 준비해야 한다. 다시 만날 주님과 친밀해야 한다.

22 장

22:2 고난주간 화요일에 있었던 일에 대한 기록(20:1-21:38)이 앞에서 아주 길게 나왔다. 그리고 수요일에 일어난 사건은 아주 짧게(22:1-6) 말하고 있다. **대제사장들과 서기관들이 예수를 무슨 방도로 죽일까 궁리하니.** 대제사장과 서기관의 역할이 '예수님을 죽이는 것'이 아닐 것이다. 예수님을 죽일 죄명도 없었다. 그런데 그들은 왜 그렇게 예수님을 죽이려 하고 있을까? 자신들의 밥그릇을 지키기 위함 일 것이다. 그들의 탐욕이 예수님을 죽음으로 몰고 있다.

22:3 사탄이 들어가니. 유다는 왜 사탄의 앞잡이가 되었을까? 유다만 갈릴리 사람이 아니다. 유대지역 가룟 출신이다. 그가 소외감을 느껴서 그랬을까? 그러나 그가 회계 담당이었던 것을 보면 그리 소외된 것 같지는 않다. 여하튼 그는 어떤 이유에서 인지 예수님을 죽이려는 이들에게 동조하여 배신하기로 마음먹었다. 뚜렷한 이유가 없다. 그러나 그에게는 예수님보다 자기 자신이 더 중요하였던 것 같다. 그래서 언제든지 예수님을 버릴 수 있었다.

'사탄이 들어갔다'는 것을 잘 살펴볼 필요가 있다. 이러한 과정에 유다는 사탄이 자신을 주장하고 있다는 것을 알지 못하였을 것이다. 그러나 그는 사탄의 지배를 받고 있었다. 정상적인 경우라면 그렇게 예수님을 배신할 수 없다. 그러나 사탄의 꼬임 속에서는 그럴 수 있다. 사람들이 악을 행할 때 능동적인 것 같지만 실상은 수동적이다. 마치 사탄의 종이 된 것처럼 무엇에 끌려서 악을 행한다. 겉으로는 자신을 위하는 것 같지만 실상은 자신을 파괴하는 일이다.

22:7 유월절 양을 잡을 무교절날. 구체적으로 어떤 날일까? 유월절과 무교절이 구분된 절기이지만 하나의 절기처럼 말할 때가 많기 때문에 이 날이 구체적으로 언제인지 구분하기가 참 어렵다. 유월절은 1 월 14 일이며, 무교절은 15 일-21 일이다. 유월절 양을 잡는 날은 본래

14 일이지만 신약 시대에는 유월절에 잡을 양이 많았기 때문에 13 일과 14 일 양 일에 걸쳐 잡은 것으로 보인다. 그래서 오늘 본문은 우리식으로는 고난주간 목요일이며 이 당시로는 1 월 13 일이었던 것으로 보인다.

22:10 사람을 만나리니. 예수님은 성내로 들어가서 한 사람을 만날 것이고 그를 따라 가면 된다 말씀하셨다. 그 집이 마가의 다락방이다. 부요한 동네에 있는 큰 방이다. 예수님께서 사람을 시켜서 미리 방을 준비하셨는지 아니면 어떤 특별한 신적 방법이 동원되었는지는 알 수 없다. 그러나 중요한 것은 예수님께서 능동적으로 방을 준비하셨다는 사실이다.

예수님은 제자를 시켜 유월절 양을 먹을 장소를 준비하도록 시키셨다. 모든 유월절 양은 예루살렘 성벽 안에서 먹어야 한다. 그러니 식사할 장소를 구하는 것은 하늘의 별 따기만큼 어렵다. 게다가 예수님은 일행이 많으니 큰 방이 필요했다. 예수님이 미리 방을 준비해 놓은 것으로 보인다.

예수님은 자신의 죽음을 능동적으로 준비하셨다. '유월절 양'을 잡고 그것을 먹는 사람들을 보면서 예수님은 자신이 유월절 양의 원형으로서 친히 죽으셔야 함을 아셨다. 유월절의 주인이시기에 유월절에 그렇게 죽으시기 위해 모든 것을 준비하셨다. 유월절 식사를 일반적으로는 15 일 저녁에 하였다. 그러나 예수님은 14 일 저녁에 하실 수 있도록 준비시키셨다. 유월절(본래 양을 잡는 날)은 자신이 직접 사람들을 위해 죽으셔야 하는 날이기 때문이다.

22:13 그 하신 말씀대로 유월절을 준비하니라. 예수님께서 능동적으로 자신의 죽음을 준비하시는 것을 볼 수 있다. 겉으로는 유다가 능동적으로 계략을 꾸미는 것 같으나 실상은 사탄에 의해 수동적으로 움직이고 있다. 반면에 예수님은 수동적으로 잡히시고 죽임을 당하시는 것 같지만 그 모든 일은 예수님의 능동적 준비로 진행된다. 유월절 양의 원형이신 분께서 유월절에 죽임을 당하시기 위해 모든 것을 계획하고 한

걸음씩 걸어가고 계신다. 유월절 양으로 사람들의 죄 대신 죽으심으로 대속하시기 위함이다. 하나님의 뜻을 행하고 구원을 이루시기 위해 힘을 다하여 능동적으로 걸어 가고 계신다.

22:15 내가 유월절 먹기를 원하고 원하였노라. 희생제물은 유월절을 대표한다. 그래서 희생제물을 먹는 것을 '유월절을 먹는다'고 표현하고 있다. '원하고 원하였노라'는 강조다. 예수님은 왜 제자들과의 마지막 식사를 그렇게 강하게 기다리셨을까? 제자들과의 유월절 식사는 마지막 식사다. 그러나 마지막 식사이기 때문에 그렇게 원하신 것은 아니다. 이 식사가 중요한 것은 새언약을 선포하는 것이기 때문이다. 새언약은 예수님이 십자가에서 대속으로 죽으심으로 시작된다. 그러나 십자가에서 제자들과 새언약을 선포하실 수는 없다. 그래서 십자가에 못 박히시기 전 제자들과 마지막 식사를 하시면서 새언약 선포식을 하고 계신다. 그래서 이 마지막 식사가 중요하다. 예수님이 이 땅에 오신 목적이다.

22:17 잔을 받으사. 당시 유월절 식사에서의 의식에서는 잔을 네 번 마셨는데 여기에서는 아마 첫번째 마시는 잔을 의미할 것이다.

22:18 예수님의 유월절 식사는 두 가지 의미를 가진다. 첫째는 유월절 양을 먹는 것은 지금까지 모든 유월절 양의 원형이시며 사람들의 죽음을 대신하여 주님이 십자가에서 죽으시는 것을 상징하는 식사다. 두번째는 '하나님의 나라가 임할 때까지'라고 말씀하시는 것을 통해 볼 수 있다. 그것은 완성된 천국에서의 잔치다. 성만찬은 이 두 가지를 담고 있다.

22:19 떡을 떼어. 지금까지 양이 주님의 몸을 예표하였다. 그러나 이제부터 바뀐다. 주님이 죽으심으로 완성하심으로 빵이 주님의 몸을 의미하게 된다. 빵은 '너희를 위하여 주는 내 몸'이다. **너희를 위하여.** '위하여'는 '대신하여'의 의미다. 사람들을 대신하여 주시는 몸이다. 성찬의 빵은 주님의 단순한 몸이 아니다. 십자가에서 나를 위하여

죽으신 몸이다. **내 몸이라.** 천국 보좌에 앉으셔서 다시 오실 영광의 몸이다.

22:20 이 잔은 내 피로 세우는 새 언약이니. 서로의 약속은 피로 세우는 경우가 많다. 시내산 언약도 그러하였다. 새 언약도 그러하다. 특별히 새 언약은 주님의 피로 세웠다. 주님이 '사람들을 위하여' 즉 사람들을 대신하여 피 흘리심으로 그들의 죄를 대속하셨다. 이전의 언약이 주로 피를 두고(생명을 담보로 하는) 약속하는 언약이라면 새언약은 주님의 피로 인해 가능하게 된 새 신분이 되어 맺는 언약이다.

22:21 나를 파는 자의 손이 나와 함께 상 위에 있도다. 함께 식사를 한다는 것은 친밀한 관계를 의미한다. 그렇게 친밀한 관계로 있으면서도 새 언약에 참여하지 않고 배신하는 사람이 있음을 말씀한다. 분명 유다도 예수님의 성만찬에 함께하고 있었다. 그는 예수님이 주시는 빵과 잔을 먹고 마셨다. 그러나 그것이 '자신을 위하여' 주어진 것임을 몰랐다. 자신을 대신하여 죽으시는 주님의 처절한 사랑과 헌신임을 알았다면 결코 배신하지 않았을 것이다.

22:22 인자는 작정된 대로 가거니와. 예수님은 인류를 구원하기 위하여 하나님의 계획 속에서 대속의 길을 가셔야 한다. 힘이 없어서 죽으시는 것이나 우연히 죽으시는 것이 아니다. 죄 가운데 있는 사람을 구원하기 위해 창세 전에 작정된 일이다. 우리를 사랑하셔서 철저히 준비된 일이다. **그를 파는 사람에게는 화가 있으리로다.** 사람들이 흔히 저지르는 실수는 하나님의 주권에 대한 이야기를 하면 사람의 책임이 없는 것으로 생각하는 것이다. 유다는 그가 예수님을 배신하였다. 하나님의 작정 때문이 아니라 자신의 탐욕과 생각 때문에 배신하였다. 하나님의 주권의 일이 일어났다고 사람이 지은 죄가 경감될 수 없다. 사람은 그가 선택한 것에 대해 책임을 가지고 있다. 가룟 유다는 철저히 자신이 예수님을 배신하는 선택을 한 것이다.

22:24 누가 크냐 하는 다툼이 난지라. 제자들은 예수님께서 왕이 되실 것이니 자신들 중에 누가 어떤 직책을 맡아야 하는지 이야기하고 있다. 예수님의 말씀을 자신들이 듣고 싶은 말만 들었다. 그래서 예수님의 말씀을 이해하지 못하고 있었다. 예수님께서 그들을 향하여 진정으로 '누가 큰 자'인지 말씀해 주신다.

22:25 이방인의 임금들은 주관하며 은인이라 칭함을 받으나. 세상 나라는 권세를 가지고 위에서 주관하는 임금이 높은 자다. 그렇게 주관하며 자신들의 폭정을 가리는 수단으로 작은 선물만 주어도 사람들은 받았기에 그를 '은인'이라 부르며 더욱더 높이 여긴다. 세상 나라 권세자들은 참 쉽다. 그 권세에 주변 사람들이 알아서 알랑방귀를 뀌며 엎드린다.

22:26 너희는 그렇지 않을지니. 우리는 이 말씀을 명심해야 한다. 오늘날 신앙인이 하늘의 복을 받았다 말하면서 주로 세상나라의 방식을 말한다. 권세자가 되는 것을 말한다. 그것을 부러워한다. 그러나 주님은 제자들에게 '너희는 그와 같은 방식이 아니다'라고 말씀하셨다. **큰 자는 젊은 자와 같고.** 큰 자라면 마땅히 젊은자와 같이 되어야 한다는 말씀이다. '젊은자'는 힘과 권리가 거의 없는 사회 초년생을 말한다. 낮은자가 되어야 한다는 말씀이다. 자기를 위하여 힘쓰고 자신이 '은인' 소리를 듣기 위해 힘을 행사하는 사람이 되지 말아야 한다고 말씀하신 것이다. **다스리는 자는 섬기는 자와 같을지니라.** 리더라면 종리더쉽(써번트 리더쉽)으로 종의 자리까지 낮아져야 한다.

22:27 나는 섬기는 자로 너희 중에 있노라. 예수님이 세상의 왕으로 오셨어도 참으로 낮은 자리다. 그런데 세상 안에서도 아무 힘도 없이 권력도 행사함이 없이 '섬기는 자'로 사셨다. 제자들도 그렇게 섬기는 자로 살아야 한다.

22:30 내 상에서 먹고 마시며 보좌에 앉아 다스리게 하려 하노라. 이 땅에서 섬긴 사람만이 영원한 하나님 나라에서 주님과 함께 친밀하게 함께 할 수 있다. 주님과 함께 권세를 가져 다스리게 될 것이다. 높은 자가 될 것이다.

22:31 사탄이 너희를 밀 까부르듯 하려고 요구하였으나. 사탄은 욥을 시험하기 위해 하나님께 허락을 요구하였다. 그리고 시험할 때 밀을 체로 칠 때 사정없이 흔드는 것처럼 흔들었다. 어떤 방식으로 흔들지 모른다. 격하게 흔들 것이다. 그러나 걱정할 필요는 없다. 욥이 그러한 것처럼 믿음으로 서는 사람은 오히려 체질을 당한 한 후에 쭉정이가 아닌 진짜로 드러날 것이기 때문이다.

22:32 내가 너를 위하여 네 믿음이 떨어지지 않기를 기도하였노니. 주님은 늘 기도하신다. 베드로를 위해 하나님 아버지께 말씀하신다. 그래서 결국 베드로도 시험을 이기게 될 것이다. **너는 돌이켜 네 형제를 굳게 하라.** 시험을 이기고 나서 베드로는 이 말씀을 기억해야 한다. 시험에 실패할 때도 있다. 그러나 다시 일어나 시험에 넘어진 사람을 자신의 경험을 통해 더 실제적으로 도울 수 있을 것이다. 시험에 실패하였다고 좌절하여 있을 것이 아니라 다시 일어나 그렇게 시험 가운데 있는 다른 사람들을 도우며 살아야 한다. 주변에는 그렇게 시험에 빠진 많은 사람들이 있다. 이렇게 그렇게 할 수 있을까 싶은 일을 하고 부끄러워 쥐구멍에 숨은 사람도 있다. 우리는 그들을 도와야 한다. 다시 믿음의 빛으로 나갈 수 있도록 베드로를 향한 주님의 말씀을 우리를 향한 주님의 말씀으로 들어야 한다.

22:35-36 이전에 예수님이 제자들을 파송하셨을 때 '전대 없이 보내졌는데 부족한 것이 있더냐'고 물으셨다. 제자들은 '없었나이다'라고 대답하였다. 그런데 이제 새언약 시대는 다르다. **이제는 전대 있는 자는 가질 것이요...검 없는 자는 겉옷을 팔아 살지어다.** 왜 이런 말씀을 하시는 것일까? 이것은 마치 평화주의에서 호전주의로

바뀐 것 같다. 그러나 그런 의미가 아니다. 이것은 긴 여행을 준비할 것을 말씀하는 것이다. 짧은 여행은 전대나 배낭 등이 필요하지 않다. 그것은 사치다. 그러나 긴 여행에서는 그것이 필수다. '검'도 필수다. 긴 여행을 다닐 때는 여행 중에 광야나 한적한 곳을 가게 될 것이며 그때 강도로부터 자신을 보호하기 위해서는 검이 필요하다.

새 언약의 시대는 편안의 시대가 아니라 수고의 시대다. 세상 곳곳에 복음을 전해야 하기 때문에 아주 긴 여행을 하게 되기도 할 것이다. 험한 강도를 만나는 길도 가야 한다. 그렇게 수많은 어려움이 있는 것을 극복하면서 전해야 한다. 그렇게 수고하며 살아야 한다.

22:38 여기 검 둘이 있나이다. 예수님이 검 이야기를 하시자 제자들이 오해하여 들었다. 당장 필요한 것으로 생각하였다. 당시 열심당 사람들은 칼을 가지고 다녔는데 거기에 있던 사람들 중에 그런 사람이 있었던 것 같다. 그러나 예수님은 '족하다'라고 말씀하신다. **족하다.** 이 말씀은 칼 두 개가 있으니 '족하다'는 말씀이 아니다. 칼 두 자루로 어찌 로마병들과 싸울 수 있겠는가? 이것은 오늘날 우리들의 표현과 매우 흡사하다. 누가 엉뚱한 소리하면 '그건 됐어'라고 말하는 것과 같다. 제자들이 바보 같은 소리를 하니 칼에 대해 더 말씀하시지 않으려고 '됐다'라고 말씀하신 것이다.

22:40 유혹에 빠지지 않게 기도하라. 46 절에서도 이와 거의 비슷한 말을 반복하여 말씀하신다. 매우 강조하시는 것이다. 우리는 시험에 빠지지 않게 기도해야 한다. 반대로 기도하지 않으면 시험에 빠지게 된다.

'유혹에 빠진다'는 것은 하나님의 뜻을 행하지 않고 자신의 뜻을 행하는 것이다. 감정대로 행동하는 것이다. 사람들은 살아가면서 많은 선택을 한다. 특별히 어려움이 닥칠 때 중요한 선택을 해야 할 때가 있다. 이때 시험에 빠지지 않도록 해야 한다. 하나님의 뜻을 거절하고 사탄의 뜻을 선택하지 않도록 해야 한다. 많은 사람이 하나님의 뜻을 놓치고 있다. 그것이 시험에 빠진 것이다.

22:42 아버지의 뜻이거든 이 잔을 내게서 옮기시옵소서. 예수님의 뜻은 잔이 옮기는 것이다. 그러나 그것이 '아버지의 뜻이거든' 옮겨달라고 기도하셨다. '어떻게 예수님이 옮기기를 원하실까'라고 생각할 수 있다. 그러나 그것은 그 고난의 신비를 모르기 때문일 것이다. 예수님이 옮기시기를 바라는 '잔'은 보통 '고난'을 상징한다. 또한 성경에서는 '심판'을 상징하기도 한다. 예수님의 경우 사람들의 죄를 대신하여 죄를 짊어지시고 십자가에서 죽으시는 것이기 때문에 '죄인을 향한 진노와 심판'이다.

예수님은 성부 하나님과 삼위일체이시다. 그분이 성부 하나님의 진노와 심판을 받으셔야 한다. 거룩하신 분이 죄인이 되셔서 그렇게 하나님의 진노를 대해야 한다. 그것이 참으로 큰 고통이셨다. 그래서 할 수만 있다면 잔을 마시지 않으시기를 원하셨다. 아픔이 선한 열매를 맺는다고 해도 아픔이 좋은 사람은 없다. 웃으면서 아파하는 사람은 없다.

22:44 땀이 핏방울 같이 되더라. 이것은 땀에 피가 섞였다는 의미보다는 비유로서 핏방울처럼 뚝뚝 떨어지는 것을 의미한다. 핏방울이 멈추지 않고 흐르는 것처럼 땀이 그렇게 멈추지 않고 떨어지도록 간절히 기도하셨다는 것을 의미한다. 기도 한 번 하고 마신 것이 아니다. 씨름하시듯 기도하셨다. 그것은 자신의 뜻을 관철하시기 위함이 아니라 하나님의 뜻을 자신 안에 이루기 위한 씨름이다. 사람들은 흔히 기도로 자신이 원하는 것을 이루려고 하지만 기도는 기본적으로 하나님의 뜻을 분별하고 하나님의 뜻을 행할 용기와 힘을 가지기 위함이다.

22:51 이것까지 참으라. 다른식으로 번역하면 '그들이 하는 대로 놔두라'는 말씀이다. 예수님은 이쪽과 저쪽의 심각한 대립이 아니라 귀가 잘려 피 흘리고 있는 한 불쌍한 사람에게 마음을 주셨다. 대제사장의 종의 귀를 고쳐 주셨다. 예수님의 행동은 조금 이상해 보인다. 그러나 큰 평온에서 나온 행동이다. 다툼과 붙잡힘 속에서도 평온하셨다. 두려우면 주변이 보이지 않는다. 평온해야 주변이 보인다. 작은 사람의 마음도 읽을 수 있다. 귀가 잘려 아파하는 한 사람의

아픔을 읽고 치료해 주신다는 것은 예수님의 마음이 얼마나 평온하신가를 극적으로 보여준다.

22:52 너희가 강도를 잡는 것 같이 검과 몽치를 가지고 나왔느냐. 예수님은 당당하셨다. 붙잡히시는 데도 당당하셨다. 하나님의 뜻을 행하고 계시니 당당하신 것이다.

22:55 건물 안에서 산헤드린 사람들이 예수님을 심문하는 동안 아랫사람들은 뜰에서 불을 피우고 앉아 있었다. 베드로는 슬그머니 그들과 함께 앉았다. 불을 피운 것을 보면 날씨가 싸늘하였던 것 같다. 예수님이 잡히신 시간이 늦은 밤 시간이기 때문에 더욱 싸늘하였을 것이다. 베드로도 한기를 느끼며 불 곁에 앉았을 것이다. 장례식장에서 한 딸이 '더욱 마음 아픈 것은 엄마가 죽으셨는데 배가 고프고 밥이 들어가'라고 말하는 것을 들었다. 베드로도 예수님이 잡히셔서 고난당하고 계시는데 불을 쬐고 있었다.

22:59 한 시간쯤 있다가. 이 구절이 강조된 문장이다. 한 시간 동안 베드로는 위험하였지만 도망가지 않고 계속 상황을 예의주시하였다. 예수님을 향한 의리를 지키는 것일까? 그런데 베드로를 알아보는 사람이 또 있었다. **한 사람이 장담하여 이르되 이는 그와 함께 있었느니라.** '장담하여'가 강조된 문장이다. 확신에 차 큰 소리로 말하였을 것이다. 주변에 있던 사람들이 그들을 쳐다보고 몰려들었을 것이다.

22:60 나는 네가 하는 말을 알지 못하노라. 위험을 느낀 베드로도 크게 말하였을 것이다. 그때 '닭이 곧 울더라'고 말씀한다. 순간 베드로는 자신도 모르게 깜빡 놀라지 않았을까?

22:61 주께서 돌이켜 베드로를 보시니. 아마 창문이나 출입문을 통해 보셨을 것이다. 예수님이 돌아보셨을 때 베드로도 주님을 보았을까? 예수님이 돌이켜 보셨을 때 베드로가 보았다면 유리 없는 작은 창문으로

예수님의 얼굴만 클로즈 업 되었을 것이다. 몇 시간 전에 예수님이 자신이 예수님을 부인하게 될 것이라는 말씀이 떠올랐을 것이다. 베드로는 예수님의 눈동자에서 무엇을 읽었을까? '왜 나를 부인하느냐'라는 음성일까? '너가 나를 부인한다고 했지'라는 음성일까? '괜찮다'라는 음성일 것 같다. 예수님은 베드로가 자신을 부인할 줄 아시면서도 사랑하셨다. '괜찮다' 말씀하시는 것을 알리기 위해 이전에 베드로에게 미리 말씀하신 것이다. 예수님은 베드로의 연약함을 아셨다.

22:62 심히 통곡하니라. 베드로는 밖으로 나와 심히 통곡하였다. 자신의 못남 때문에 울었을 것이다. 주님의 마음 때문에 울었을 것이다. 이때 믿음이 그 안에서 힘있게 움직이고 있었을 것이다. 베드로가 주님의 말씀을 자신의 삶에서 경험한 것처럼 우리도 주님의 말씀을 우리 삶에서 경험해야 한다. 우리 삶에서 눈물이 되어야 한다. 통곡이 되어야 한다. 주님의 말씀을 생각하면 생각할수록 눈물이 나오고 주님의 마음이 절절히 느끼는 그런 순간들이 필요하다.

22:63 지키는 사람들. 성전을 지키는 사람들이다. 당연히 유대인들이었을 것이다. 그들은 성전을 관리하는 산헤드린의 지시에 의해 예수님을 잡아들였다. 그들 앞에 예수님은 재미있는 놀잇감 이였다.
희롱하고 때리며. 그들은 하나님의 이름인 '여호와'를 두려워하여 결코 발음도 하지 않았다. 그린데 그들이 지금 희롱하고 때리는 분이 하나님이라는 것을 알면 얼마나 놀랄까? 하나님 앞에서 고개를 들 수도 없는 이들이 희롱하고 때리고 있다.

22:64 너가 선지자라 말하니 맞추어 보아라. 눈을 가리고 때린 후에 맞추라 하는 '선지자 놀이'다. 사탄도 예수님을 시험하면서 '네가 하나님의 아들이거든'이라고 가정하면서 시험하였다. 지금 병사들은 '네가 하나님의 선지자이거든'이라고 가정하면서 놀리고 있다. 예수님은 하나님의 아들이다. 선지자다. 그러기에 그들의 조롱에 조용히 이름을

맞추시면서 그들을 놀라게 할 수도 있다. 그러나 예수님은 조용히 당하기만 하셨다.

22:66 날이 새매 예수를 공회로 끌어들여. 산헤드린 회의는 중요한 일은 밤에 모일 수 없다. 그래서 대제사장 집에서 일을 다 꾸며 놓고 날이 새매 모이게 한 것이다. **공회로 끌어들여.** '공회'는 산헤드린(유대 지도자들의 모임)을 의미할 수도 있고 산헤드린이 모이는 장소를 의미할 수도 있다. 예루살렘 산헤드린은 성전에 모임 장소가 있었는데 여기에서는 산헤드린 사람들이 대제사장(산헤드린 의장) 가야바 집에 모인 것으로 보인다.

22:67 네가 그리스도이거든 우리에게 말하라. 그리스도에 대해 가장 인기 있는 칭호가 '다윗의 자손'이다. 다윗의 자손은 다윗이 이스라엘의 왕인 것처럼 왕으로 온다는 것을 의미한다. 로마에 대한 반란이다. 이것은 로마에 예수님이 죄인이라는 것을 호소할 가장 중요한 죄명이 된다. 이 당시 유대지역은 로마의 직할 통치 지역이었다. 산헤드린은 사형을 판결할 수 있었으나 직접 사형을 집행할 수는 없었다. 그래서 로마에서 사형을 동의할 수 있도록 죄목을 만드는 것이 중요했다.

22:70 하나님의 아들이냐. '하나님의 아들'은 메시야에 대한 호칭일 수도 있지만 조금은 다르다. 그러한 주장은 하나님을 들먹이는 것이며 메시야 칭호 이상의 의미를 가질 수 있다. 그래서 이 질문은 유대인들에게 먹히는 질문이다. 이 질문을 통해 예수님을 신성모독으로 몰기 원하였던 것이다. 예수님이 신성모독 했다는 주장은 유대인들이 가장 잘 받아들일 죄목이었다.

22:71 어찌 더 증거를 요구하리요. 그들은 예수님을 죽일 죄목을 충분히 얻었다. 그래서 사형을 판결하였다.

23 장

23:2 백성을 미혹하고. 그들의 주관적인 판단이. 그것이 사형집행의 근거가 될 수는 없다. **세금 바치는 것을 금하며.** 정확히 잘못된 주장이다. 예수님은 '세금을 내라' 하셨다. 또한 당시 열심당 사람들은 '세금을 내지 말아야 한다'고 주장하였다. 그러면 그들을 모두 죽여야 한다. **자칭 왕 그리스도라 하더이다.** 부분적으로는 맞는 말이지만 그들이 주장하고자 하는 것에는 맞지 않다. 사람들은 예수님을 승리자 메시야로 생각하였지만 예수님은 결코 다윗의 자손으로 힘으로 승리하는 메시야를 주장하지 않으셨다. 오히려 그렇게 말하는 것을 막으셨다.

23:3 유대인의 왕. 빌라도의 질문에 예수님은 '네 말이 옳도다'고 대답하셨다. 사실 산헤드린이 주장하는 것처럼 정치적 유대인의 왕이 아니다. 그것을 설명하실 수도 있다. 그러나 예수님은 다른 한 편으로는 예수님이 실제로 유대인의 왕이시기 때문에 '그렇다'고 대답하셨다. 예수님은 죽음을 피하지 않으시고 백성을 위해 죽으시기 위해 그렇게 대답하셨다. 산헤드린의 의도가 아니라 자신의 의도에 따라 대답하셨다.

23:4 내가 보니 이 사람에게 죄가 없도다. 법 집행을 하는 행정장관으로서 그는 예수님이 사형을 받을 만한 이유가 없다고 말하였다. 빌라도가 예수님을 믿거나 예수님을 옹호하기 위해 그렇게 말하였을 가능성은 전혀 없다. 단순히 그가 보기에도 산헤드린 사람들의 주장이 너무 과하고 근거가 없기 때문에 그렇게 말한 것이다.

23:5 갈릴리에서부터 시작하여 여기까지 와서 백성을 소동하게 하나이다. 빌라도는 예수님이 '갈릴리 사람'이냐고 물었다. 자기 자신이 책임을 회피할 생각이 떠올랐다.

23:7 헤롯의 관할에 속한 줄을 알고 헤롯에게 보내니. 예수님의 출생지와 활동이 갈릴리 지역이라는 것을 알고 갈릴리의 통치자인 헤롯

안티바스에게 보냈다. 예수님이 지금 예루살렘에서 잡히신 것이기 때문에 그것을 기준으로 하면 자신의 관할지역이지만 출생지를 생각하면 헤롯 안티바스 관할이다. 그래서 출생지를 기준으로 하여 재빨리 헤롯 안티바스에게 보낸 것이다. **헤롯이 예루살렘에 있더라.** 마침 헤롯은 유월절과 무교절을 지키기 위해 예루살렘에 와 있었다. 아마 예루살렘 안의 하스모니안 궁전에 거처를 삼고 있었을 것이다.

23:11 헤롯이 그 군인들과 함께 예수를 업신여기고 희롱하고. 앞서 예수님은 산헤드린 소속의 성전을 지키는 사람들에 의해 고통과 희롱을 당하셨었다. 이번에는 헤롯에 속한 군사들이 예수님을 희롱하였다. 그들은 예수님의 죄를 찾지는 못하였다. 그러나 그들에게 주어진 힘으로 희롱하였다. 죄는 없으시나 회롱 당하셨다.

23:14 이 사람에게서 죄를 찾지 못하였고. 빌라도는 분명하게 예수님이 죄가 없다고 말하였다. 문제는 사람들이 예수님을 죄인이기 때문에 죽이고자 한 것이 아니었다는 사실이다.

23:15 헤롯이 또한 그렇게 하여. 빌라도는 헤롯과 사이가 좋지 않았다. 그러나 예수님이 죄가 없다는 것에 대해서는 서로 의견이 같았다. 그러기에 예수님이 죄가 없다고 분명하게 말하였다.

23:18 무리가 일제히 소리 질러 이 사람을 없이하고. 무리가 말하고 있지만 그들 뒤에는 산헤드린 사람들이 있다. 무리는 예수님을 향하여 그렇게 소리 지를 어떤 이유도 없다. 그러나 산헤드린 사람들에게는 예수님을 죽일 이유가 많았다. 그들은 자신들의 이익과 직접적인 관련이 있기에 예수님을 죽이고자 하였다. 예수라는 한 사람 때문에 자신의 권위가 떨어지고 예수님의 말씀 하나하나가 그들에게 비수가 되었다. 그들은 예수님을 죽여야만 했다.

23:25 예수는 넘겨 주어. 빌라도가 산헤드린 사람들과 줄다리기 끝에 결국 그들의 주장을 받아들였다. 왜 그렇게 하였을까? 빌라도가 힘이 없어 산헤드린 사람들의 말을 들어준 것일까? 아니다. 빌라도는 이 일에 오직 그가 결정할 수 있는 힘을 가지고 있었다. 그렇다면 유대인들과 좋은 관계를 가지려고 이렇게 하였을까? 빌라도는 이미 당시 유대인들 사이에서 악명이 높았다. 유대인들이 싫어하는 것을 서슴없이 행하던 사람이다. 그런데 왜 예수님의 사형집행을 결정하였을까? 그것은 예수님의 사형집행을 거부하여도 그에게 오는 유익이 없기 때문일 것이다. 이런 일로 유대인들의 미움을 받기 보다는 예수라는 한 사람의 미움을 받는 것이 자기에게는 더 이익이라고 판단을 하였기 때문에 결국 대중들의 손을 들어준 것이다. 그것이 한 사람에게는 지극히 부당한 것임에도 말이다.

23:26 시몬이라는 구레네 사람. 그는 북아프리카 '구레네'에서 유월절과 무교절을 지키기 위해 온 사람이었다. 구레네는 예루살렘에서 직선 거리로 1300km가 넘는다. 오고 가는데 3달 이상이 걸리기 때문에 그는 매년 올 수는 없고 아주 특별하게 왔을 것이다. **시골에서 오는 것.** 이것은 아마 예수님 일행이 올리브 산에서 주무신 것처럼 예루살렘 밖의 들에서 자고 오는 것을 말할 것이다. **십자가를 지워.** 시몬에게 십자가의 가로 나무(세로 나무 기둥은 처형장에 세워져 있었다)를 메게 하고 사형장으로 끌고 갔다. 그런데 피로 범벅이 된 나무를 메면 부정해져 그는 성전을 제대로 들어갈 수 없게 된다. 그에게는 아주 끔찍한 일이 일어난 것이다. 로마 치하에서 백성들은 국가에서 원하면 징집될 수 있었다. 로마 군인이 구레네 사람을 지목하여 나무를 메게 하였을 때 그가 거절하면 군령을 어기는 것이 된다. 그런데 하필이면 구레네에서 명절을 지키기 위해 이렇게 멀리 온 시몬이 지목된 것이다. 얼마나 억울할까?

23:27 가슴을 치며 우는 여자의 무리. 예수님의 사역 기간 동안 뒤에서 모든 힘든 일을 감당한 여인들이다. 그들은 가슴을 치며 울었다. 얼마나

안타까운 일인가? 예수님이 무슨 죄가 있다고. 그들은 지금까지 예수님을 따라다녔지만 예수님은 십자가는커녕 어떤 작은 형벌에도 어울리지 않는 분이었다. 그런데 예수님이 십자가에 매달려 죽으신다는 것은 너무 억울한 일이었다. 그 억울함을 어찌 표현하지 못해 가슴을 치며 울었다.

23:28 나를 위하여 울지 말고 너희와 너희 자녀를 위하여 울라. 예수님께서 십자가의 죽으심을 위해 가시는 지금의 모습은 참으로 불쌍한 모습이다. 예수님 자신도 그것이 얼마나 큰 고통인지를 잘 아신다. 그러나 지금 여인들이 우는 것은 예수님의 고통을 이해해서 우는 것이 아니라 인간적인 불쌍함의 측면이 더 강하였을 것이다. 인간적인 측면의 불쌍함의 눈물이라면 지금 예수님은 전혀 불쌍한 분이 아니다. 예수님은 힘이 없어서 그 길을 가시는 것이 아니고, 큰 영광을 위하여 가시는 길이기 때문이다. 인간적인 불쌍함을 말한다면 지금 예수님을 제외한 모든 사람이 불쌍하다. 특별히 예루살렘이 멸망할 때 연약한 여인들이며 그 시대의 사람들이다.

23:29 보라. 강조하여 말씀하신다. **날이 이르면 잉태하지 못하는 이와 해산하지 못하는 배가 복이 있다 하리라.** 이 구절은 '대 반전'에 대한 말씀이다. 본래 잉태하는 이와 해산하는 이들이 복된 것이다. 아기를 낳는 것은 당대에 매우 중요한 일이었다. 잉태하는 이와 잉태하지 못하는 이는 천지 차이만큼 차이가 있다. 그런데 그것이 뒤집어지는 때가 있다고 말씀하신다.

23:30 산들을 향하여 우리 위에 무너지라 하며. 살아 있다는 것은 복이다. 그런데 그때는 산사태가 나서 빨리 죽었으면 하고 바라게 된다는 것이다. 살아 있는 것이 재앙이 되어 빨리 죽게 되기를 바라는 시대에 대한 말씀이다. 지금과는 완전히 다른 시대다.

23:31 마른 나무에는 어떻게 되리요. 이 구절 해석은 여러가지가 있다. 심판을 생각한다면 불을 태우는 것을 생각해 볼 수 있다. 푸른 나무가 타는 것이 어려우나 푸른 나무도 이렇게 심판을 받는다면 마른 나무는 불에 넣으면 활활 탈 것이다. 그래서 지금은 예수님 한 명이 십자가에 죽지만 예루살렘이 멸망할 때는 수천명이 십자가에 죽게 될 것이다. 또한 예수님처럼 정결하신 분도 이렇게 아픔을 겪으시는데 역전의 날이 되면 '마른 나무'인 심판 받아 마땅한 그들이 어떻게 고통을 겪게 될 것인지는 자명하다는 말씀이다. 그러기에 지금이 아니라 마른 나무가 탈 때를 더 걱정하고 슬퍼해야 한다는 말씀이다.

23:33 해골이라 하는 곳에 이르러. 골고다(아람어), 갈보리(라틴어), 크라니온(헬라어)이라는 이름을 가진 이 곳은 모두 '해골'이라는 의미다. 사형장소이기 때문에 그렇게 불렸을 수 있고 아니면 언덕 모양이 그렇게 생겼기 때문일 수도 있다. **두 행악자도 그렇게 하니.** 예수님 양 옆에는 함께 십자가형으로 죽임을 당하는 두 사람이 있었다. 이 두 사람은 같은 처지였고 같은 곳에 있었지만 짧은 시간에 완전히 다른 길을 가게 된다.

23:35 관리들은 비웃어 이르되 저가 남을 구원하였으니 자신도 구원할지어다. 산헤드린 사람들이 자기들끼리 말하면서 예수님의 구원 활동을 조롱하고 있다. 그들은 예수님께서 사람들을 치료하여 주시고 살려주신 일들을 익히 알고 있었다. 하나님의 이름으로 행해진 일이며, 연약한 이들을 도운 일이다. 그런데 그것을 조롱거리로 삼았다. 나쁜 사람들이다.

23:36 신포도주를 주며. 값싼 포도주로 피를 쏟으며 죽는 사형수의 생명을 조금 더 연장시키는 잔인한 행동이다.

23:39 달린 행악자 중 하나는 비방하여. 그는 함께 죽어가는 사람이다. 그런데 그도 '네가 그리스도가 아니냐 너와 우리를 구원하라'고 말한다. 조롱이다.

23:40 하나는 그 사람을 꾸짖어. 그도 처음에는 함께 예수님을 조롱하였다. 그런데 십자가 위에서 변하였다. 조롱에 멈추지 않고 예수님을 관찰한 것 같다. 하나님을 경외하는 마음으로 예수님을 보았던 것 같다.

그가 바뀐 것이 언제인지는 정확히 모른다. 십자가에 있었던 6시간 중에 어느 시점일 것이다. 그는 그 시간에 그의 평생에 행하였던 모든 행동보다 더 위대하고 가치 있는 모습으로 바뀌었다.

23:41 이 사람이 행한 것은 옳지 않은 것이 없느니라. 그는 이미 예수님에 대한 소문을 들었던 것 같다. 처음에는 십자가에 매달려 죽는 자신의 처지가 한탄스러워 구원에 대해 이야기하는 예수님을 함께 조롱하였지만 그러한 조롱이 얼마나 잘못인지를 생각하였을 것이다. 하나님 앞에 섰을 때, 죽어 가시는 예수님 앞에 섰을 때 그는 진리를 깨닫게 되었다. 다시 생각해 보니 참으로 옆에서 죽어가는 예수님은 악한 일을 행한 적이 없었다.

23:42 당신의 나라에 임하실 때에 나를 기억하소서. 강도는 예수님께 간청하였다. 그는 하나님의 나라에 대한 예수님의 말씀을 직접으로나 간접적으로 들은 것이 분명하다. 그는 죽음이 끝이 아니라 내세에 하나님의 나라가 있음을 믿었다. 그 나라에 들어갈 수 있도록 간청하고 있다.

우리는 흔히 십자가 강도의 구원을 '부끄러운 구원'이라 말한다. 그는 마지막 순간에 구원을 얻은 사람이기 때문이다. 맞다. 그는 인생의 긴 시간 동안 오직 마지막 시간만 겨우 구원을 얻었다. 듣고 행해야 할 예수님의 많은 말씀을 몰랐을 것이고 '원수를 사랑하라'는 말씀을 순종하거나 시도할 시간도 없었다. 그러기에 구원의 좋은 샘플이 아니다. 그러나 그럼에도 불구하고 그는 구원받았으니 참으로 행복한 사람이 되었다.

23:43 오늘 네가 나와 함께 낙원에 있으리라. 그가 비록 부끄러운 구원을 얻었지만 그래도 구원을 얻었다. 구원은 세상에서 모든 것을 얻은 것보다 더 크고 중요하다. 비록 많은 인생을 놓쳤지만 그는 마지막 시간에 구원을 잡았다. 얼마나 복된 사람인가?

23:44 온 땅에 어둠이 임하여. 오전 9시에 십자가에 매달리셨다. 그리고 정오에 온 땅에 어둠이 임하였다. '어둠'은 하나님의 심판을 상징한다. 죄에 대한 심판이다. 죽는 사람을 많이 보았다. 죽음에 이르는 사람을 보면 참으로 비참하다. 핏기가 사라지고 이전에 알던 사람이 아닌 낯선 모습으로 바뀌어 간다. 예수님의 죽으심도 크게 다르지 않았을 것이다. 하나님의 심판으로서 죽음이기 때문에 더욱더 그러하다. 그러나 예수님의 죽으심에는 어둠만 있지 않았다. 예수님의 삶 마지막 순간에 성전에서 이상한 일이 일어났다.

23:45 휘장이 찢어지더라. 휘장은 아마 성소와 지성소 사이의 휘장을 의미할 것이다. 어떻게 갑자기 성전의 두꺼운 휘장이 찢어졌을까? 참으로 놀라운 일이다. 이것이 찢어진 것의 의미는 3가지 정도를 담고 있다. 1. 이스라엘에 임할 심판 2. 성전 희생 제사의 폐지 3. 하나님의 임재와 만남에 있어 새로운 방식의 시작. 이것은 모두 예수님의 죽으심으로 인하여 이스라엘에 임하는 것이다.

23:47 이 사람은 정녕 의인이었도다. 십자가 처형을 담당했던 백부장은 그 모든 과정을 가장 가까이에서 보고 결론적으로 예수님을 의인이라 말하였다. 예수님은 범죄인이 아니라 죄가 없으신 분이라는 말이다. 예수님이 죽고 나서 하는 말이니 의미가 없어 보일 수도 있다. 이미 죽으셨기에 다시 살아날 수 있는 것이 아니다. 그러나 큰 의미가 있다. 예수님은 자신의 죄 때문에 죽은 분이 아니라는 사실이 증거되고 있는 것이다. 아무것도 모르는 로마의 백부장에 의해 말이다.

23:48 다 가슴을 치며 돌아가고. '가슴을 친다'는 것은 매우 슬퍼하는 것이나 회개하는 모습이다. 그들 중에는 예수님을 십자가에 못 박으라고 소리 지른 사람도 있었을 것이다. 그들은 예수님의 죽음에 동조하였다. 아마 그것에 대한 회개일 것이다. 죄 없는 사람을 자신들이 죽게 하였다는 것을 슬퍼하고 아파하는 모습이다.

23:50 공회 회원으로 선하고 의로운 요셉이라 하는 사람. 그는 예루살렘 산헤드린 멤버였다. 그가 빌라도에게 '예수님의 시체를 달라' 하였을 때 빌라도는 십자가 처형의 효과를 위해 조금 더 매달아 둘 수 있다. 십자가로 죽은 중죄인의 시체를 달라 하는 경우는 드문 경우다. 그런데 빌라도는 순수이 그에게 시체를 넘겼다. 왜 그랬을까? 요셉은 '선하고 의로운' 사람이었다 말한다. 아마 빌라도는 요셉의 인품을 익히 알고 있었던 것 같다. 그래서 그의 요구를 들어주었다.
참으로 감사하게도 요셉이라는 사람이 있어 장례를 치르게 되었다. 그가 열심히 살아 산헤드린 멤버가 되고, 아름답게 살아 사람들에게 인정을 받으며, 용기를 내 모든 손해를 감수하고 빌라도를 찾아감으로 예수님의 장례를 할 수 있게 되었다.

23:53 세마포. 매우 비싼 옷감이다. **사람을 장사한 일이 없는 바위에 판 무덤.** '무덤이 사람을 장사한 일이 있는 무덤도 있나'하는 생각을 할 수 있다. 이것을 이해하기 위해서는 당시 장례와 무덤 문화를 알아야 한다. 우리나라는 몇 십 년 전에는 사람이 죽으면 장례식 동안 집 방 한 켠에 병풍을 치고 그 뒤에 안치하였다. 요즘은 장례식장 냉장실에 안치한다. 이스라엘은 당시 사람이 죽으면 바로 무덤에 안치하였다. 우기 때는 습하고 건기 때는 고온이기 때문에 빠르게 시신이 부패하기 때문이다. 무덤은 보통 가족 무덤이었다. 한 무덤 안에는 몇 대 사람들이 모두 들어갈 수 있다. 사람이 죽으면 보통 무덤 안 입구 가까이에 시신을 올려 두는 곳이 있다. 그곳에 1년 정도 두면 시신은 완전히 썩어서 뼈 몇 조각만 남는다. 그러면 뼈를 작은 상자(납골함)에 넣어 안쪽으로 작은

납골함이 들어갈 만한 구멍을 뚫어 놓은 곳에 두었다. 그래서 무덤에는 많은 납골함이 들어갈 수 있었다.

'사람을 장례한 일이 없다'는 것은 그 무덤에 아직 한 사람도 안치하지 않았다는 뜻이다. 무덤을 파서 만들고 아직 사용하지 않은 것이다. 그래서 무덤은 매우 깨끗하였을 것이다. 그 무덤은 무덤이면서도 아직 무덤이 아니다. 아직 납골함이 하나도 없기 때문이다. 그냥 동굴이다.

23:56 안식일에 쉬더라. 시신의 부패를 조금이나 늦추고 고약한 냄새를 중화시키는 향품과 향유를 이미 요셉이 충분히 처리하였지만 여인들은 더 준비하였다. 예수님이 죽으시고 해가 져 안식일이 되었기 때문에 무덤에 가지는 못하고 열심히 '향품과 향유'를 준비하였다. 예수님의 장례에 사랑하는 사람들이 참석하지 못했다. 하필이면 안식일까지 끼어서 아무도 참석하지 못했다. 그러나 그것은 어둠이 아니었다. 이미 빛이 비취고 있었다. 죄인임에도 불구하고 잘 준비된 장례가 그러하다.

24 장

24:1 안식 후 첫날. 일요일 새벽. 시신이 무덤에 안치되고 바로 안식일(토요일 저녁)이 되었다. 안식일이기에 제자들은 무덤에 가까이 할 수 없었다. 안식일이 끝나고 3 일째(금-일) 되는 날 밝아 오기 전 여인들이 추가적으로 장례를 하기 위해 예수님의 시신이 안치된 무덤을 찾아갔다.

24:4 찬란한 옷을 입은 두 사람. 천사.

24:6 살아나셨느니라. 부활하신 것을 전하고 있다. **갈릴리에 계실 때에 너희에게 어떻게 말씀하셨는지를 기억하라.** 부활은 생소한 것이 아니다. 갈릴리에서부터 여러 번 말씀하신 것이다. 여인들이 천사의 말을 들었을

때 그들의 머릿속은 그렇게 말씀하시던 장소와 예수님의 표정까지도 생생하게 기억났을 것이다.

24:9 다른 모든 이에게 알리니. 그들은 이제 예수님의 부활을 믿게 되었다. 부활의 첫 증인이 되었다. 그들이 예수님의 말씀을 처음 들었을 때 부활의 의미를 알았을 것이다. 그러나 실제로는 몰랐다. 그들이 예수님의 말씀을 듣고 믿었을 때와 지금 예수님의 부활을 경험하고 믿을 때는 많이 다르다. 이제야 부활이 그들에게 실제가 되었을 것이다. '말씀을 듣고 경험하고 다시 말씀을 기억하면서' 실제가 되었다.

24:11 믿지 않았다. 구약은 증인 2-3 명이면 효력이 있다 말한다. 그러나 1 세기 이스라엘은 여인의 증거는 효력이 없었다. 여인은 흥분을 잘하고 연약하여 전하는 말에 신빙성이 없다고 생각하는 문화가 강하였다. 그러나 사도들이 믿지 않은 것은 여인의 증거 효력에 대해 믿지 않는 사회적 영향도 있겠지만 그것보다는 부활이 믿어지지 않았기 때문일 것이다.

24:12 세마포만 보이는지라 놀랍게 여기며 집으로 돌아가니라. 베드로는 부활하신 예수님과 천사들의 증언을 직접 듣지는 못하였지만 간접적인 증언을 듣고 무덤에 가서 무덤에 세마포만 있는 모습을 보면서 의아하게 생각하였다. 부활을 믿는 씨름이 시작되었다.

24:13 엠마오라 하는 마을로 가면서. 두 사람이 자신들의 고향인 엠마오로 가고 있었다. 그들은 여인들이 부활 소식을 전하였지만 '황당한 소리'로 일축하고 더이상 예루살렘에 머물지 않고 자신들의 고향으로 떠난 사람들이다.

24:19 말과 일에 능하신 선지자. 모세를 이렇게 표현했다. 그들은 예수님을 모세급으로 생각할 만큼 많이 인정하고 있었다.

24:25 미련하고. 그들을 '미련하다' 말씀하신다. 미련하여 도무지 하나도 이해하지 못하고 있었다. 예수님을 사랑한 것 같으나 그들이 사랑한 예수님은 예수님의 실제 모습이 아니다. 그들은 무엇보다 말씀에 무지하였다.

24:27 성경에 쓴 바 자기에 관한 것을 자세히 설명하시니라. 예수님은 자신의 고난과 영광에 대해 가르치셨다. '모세와 선지자의 글'은 구약 성경을 의미한다. 구약 성경의 구절을 자세히 가르치셨다.
믿음에 실망한 사람들이 많다. 엠마오에 가던 두 제자도 믿음에 실망하였지만 실제로는 믿음이 아니라 자신들의 지식이 실망스러웠다. 그들이 실망한 것은 실체 없는 거짓이었다. 오늘날 많은 사람들이 기독교의 실체가 아니라 허상을 보고 실망한다.

24:32 풀어주실 때. 앞에서 '눈이 밝아져'와 같은 단어다. '열린다'는 기본 의미를 가진 단어다. 예수님께서 성경을 열어주셨다. 설명하여 주셨다. 그러자 그들의 무지가 깨지고 성경의 의미가 열리고 마음이 열렸다. 그들의 마음이 뜨거워졌다. 그것은 냄비근성과 같은 기복이 심한 감정을 말하는 것이 아니다. 마음 깊은 곳에서의 변화이다. 꺼지지 않는 불이다. 사람들이 말씀을 읽어도 맹숭맹숭하다. 의미를 모르기 때문이다. 무엇을 의미하는지, 누가 나에게 말씀하시는 지를 알면 우리의 마음도 뜨거워질 것이다.

24:33 그 때. 이미 어둠이 임한 때다. 다음 날 가도 될 것 같은데 그들은 저녁에 바로 예루살렘을 향하여 떠났다. 예루살렘까지는 11km 거리다.
1절에서 '이십오리 되는 엠마오'라고 말한다. 오늘날 엠마오에 대해 아는 것은 전혀 없다. 오직 예루살렘에서의 거리만 알 뿐이다. 그것이 성경이 의도한 것일 거다. 11km 나 되는 거리를 제자들은 저녁의 위험을 무릅쓰고 다시 예루살렘으로 갔다. 부활의 기쁜 소식을 전하기 위해서다.

24:36 이 말을 할 때. 엠마오에서 온 제자들이 자신들이 부활하신 예수님을 만난 이야기를 할 때. '예수께서 친히 그들 가운데 서서'라고 말한다. 예수님께서 갑자기 나타나셨다. 문을 잠그고 있었고, 문을 여는 소리가 없었는데 예수님께서 갑자기 그들 가운데 서 계셨다.

24:37 놀라고 무서워하여. 그들은 갑자기 나타나신 예수님 때문에 매우 놀랐다. '무서워하기'까지 하였다. 왜 그렇게 놀라고 무서워하였을까? 그들은 방금까지 부활하신 예수님에 대해 이야기하고 있었다. 그런데 부활하신 예수님이 나타나자 놀라고 무서워하였다. 그것은 부활하신 예수님께 적응이 되지 않아서 일 것이다. 또한 문이 잠겨 있었기 때문에 전혀 예상하지 않았기 때문이기도 할 것이다.
영으로 생각하는지라. 부활하여 육체를 가지고 계신 분이 아니라 영만 있는 분으로 생각하였다. 세상에는 사람이 영만 가지고 있는 경우는 없다. 죽으면 이 세상에 남아 있지 못한다. 그러나 사람들은 사람의 영만 존재하는 것으로 생각하는 경향이 강하다. 그래서 죽은자의 영을 부르는 '영매'가 있기도 하였다. 그러나 그러한 경우 죽은 자의 영이 나타나는 것이 아니라 악한 영이 나타날 뿐이다.

24:38 의심. 속에서 '여러 생각이 드는 것'을 말한다. 예수님께서 부활에 대해 이미 여러 번 말씀하셨고 부활하신 예수님을 사람들이 이미 만났다. 그런데도 제자들은 생각이 많았다. 예수님은 그것을 의심이라고 말씀하신다.

24:39 내 손과 발을 보고 나인 줄을 알라. 예수님은 부활하신 상태다. 예수님의 모습에서 우리는 부활에 대한 여러 힌트를 얻을 수 있다. 부활은 몸이 영광스럽게 변화된 상태이다. 예수님은 벽을 자유롭게 통과하셨다. 어느정도 시공간에 대한 제약을 넘어서는 것을 볼 수 있다. 또한 기존의 모습을 가지고 계신다. 그런데 한 가지 이상한 것이 있다. 손과 발에 못 박힌 자국이 남아 있었다는 사실이다. 본래 부활하면 영광스러운 몸이 되기 때문에 이 땅에서 얻은 상처가 없다. 그런데

예수님은 있으시다. 아마 예외적인 것 같다. 믿음 없는 제자들에게 보여주시기 위한 일시적인 것일 수도 있다.

예수님은 손과 발을 만져보고 '나인 줄 알라'고 말씀하셨다. 마음속에서만 의심을 가지고 있지 말고 직접 만져보고 의심을 떨치고 아는 단계로 나가야 한다.

나는 의심(疑心)과 의문(疑問)의 뜻을 구분한다. 한글 사전에서는 나누지 않고 사용하지만 나는 '의심'을 한문에 따라 '마음에 의심하는 것'으로, '의문'을 '의심하여 질문하는 것'으로 구분한다. 이해되지 않는 것이 있을 때 마음에 의심만 품지 말고 질문하여 이해되지 않는 것을 하나씩 풀어야 한다. 예수님은 제자들에게 의심에 머물러 있지 말고 의문하고 문제를 풀어가라고 말씀하고 계신다.

24:41 너무 기쁘므로 아직도 믿지 못하고. 제자들은 예수님의 부활이 너무 기뻤지만 그래서 더욱더 믿기 어려웠다. 제자들의 그런 상태를 예수님은 책망하지 않으셨다. 무조건 믿으라 하지 않으셨다. 대신 '먹을 것이 있느냐'고 물으셨다.

24:43 앞에서 잡수시더라. 예수님은 생선을 드심으로 자신이 부활하여 육체를 가진 사람이라는 것을 자연스럽게 증명하셨다. 제자들이 의심 가운데 있지 않고 적극적으로 질문하고 그것에 대해 해답을 얻어 불신이 아니라 믿음으로 나갈 수 있도록 길을 안내하셨다.

24:44 또 이르시되. 이것은 앞 부분 43 절과의 연속성이 아니라 새로운 단락의 시작을 의미한다. 43 절과 44 절 사이에는 시간적으로 제자들이 갈릴리에 가서 예수님을 만난 것에 대한 이야기가 들어간다. **율법과 선지자의 글과 시편.** 구약이 크게 3 부분으로 구분되며 이것은 구약 전체를 의미한다. **나를 가리켜 기록된 모든 것이 이루어져야 하리라.** 예수님 안에서 구약 성경의 모든 것이 완성되었다. 예수님의 삶과 죽음과 부활로 성취되었다.

24:45 마음을 열어. 엠마오로 가던 제자들에게 성경을 열리도록 가르치셨던 것처럼 제자들의 마음이 열리도록 성경을 가르치셨다. 제자들은 이제 말씀의 의미와 성취의 의미를 분명하게 깨닫게 되었다.

24:47 죄 사함을 받게 하는 회개. 알게 되었으면 이제 시작해야 한다. 과거를 씻고 새로운 시작을 해야 한다. 예수님의 대속의 죽음으로 이제 진짜 시작된다. 예수님의 부활로 소망을 보면서 시작한다. **예루살렘에서 시작하여 모든 족속에게 전파.** 제자들 앞에는 이스라엘이 아니라 세상 모든 족속이 놓여 있다. 큰 심호흡을 하고 멀리 보면서 나가야 한다.

24:48 이 모든 일. 예수님의 생애와 죽음과 부활이며 성경과 성경의 성취이다. 하나님 나라이며 복음이다. 제자들이 예수님과 함께 하면서 배웠던 것이며 이제 새 희망을 갖게 된 것이다. 그 모든 일에 '증인'이 되었다. 그들이 배우고 경험한 것은 참으로 놀라운 것이다. 세상 모든 사람을 구원에 이르게 하는 복음이다. 이 좋은 소식을 어찌 전하지 않을 수 있겠는가?

24:49 위로부터의 능력으로 입혀질 때까지 머물라. 문제는 능력이다. 이렇게 적은 무리가 그렇게 큰 세상의 거대한 세력과 사람들에게 전할 수 있을까? 힘들다. 그래서 위로부터의 능력을 입어야 한다. 위로부터의 능력은 '성령의 임재'이다. 사람으로서는 할 수 없으나 성령이 함께 하시면 할 수 있다. 제자들은 지극히 소수였으나 그들이 해냈다. 오늘날 복음이 세상에 가득한 것을 보라. 오늘날 사람들은 힘과 숫자와 자원 타령을 하곤 한다. 그러나 증인은 그런 것이 전혀 문제되지 않는다. 성령만 있으면 된다.

24:50 베다니 앞까지 나가서. 한 편으로는 '베다니 앞'이고 다른 한편으로는 '올리브 산'이다. **축복.** 헬라어 단어를 직역하면 '좋은 말을 하다'이다. 하나님을 대상으로 할 때는 '찬양하다'는 의미이고 사람들에게 말을 할 때는 '좋은 말을 하다' '격려하다' '응원하다'는 의미도 되고 '그

사람을 위해 하나님께 복을 구하거나 소망하는 것'이라고 번역할 수도 있다. 여기에서는 예수님께서 제자들에게 '복을 말하는 것'으로 보는 것이 좋을 것 같다. 구체적인 복이라면 아마 "내가 너희에게 분부한 모든 것을 가르쳐 지키게 하라 볼지어다 내가 세상 끝날까지 너희와 항상 함께 있으리라 하시니라" (마 28:20)말씀처럼 '내가 너희와 항상 함께 있으리라'는 말씀이 핵심일 것이다. 성령을 보내실 뿐만 아니라 예수님도 제자들과 함께 하실 것이다. 비록 육체적으로 함께하시는 것은 아니지만 영적 임재 가운데 함께 하신다.

24:51 축복하실 때에. '내가 너희와 함께 한다'고 말씀하시면서 올라가시는 것이다. 또는 다른 복된 말을 하면서 올라가시는 것이다. 그것은 마치 제자들과 떨어지는 것을 아쉬워하는 듯한 모습이다. 또한 예수님께서 말씀하시는 복의 내용을 제자들이 듣고 또 들으면서 잘 기억했으면 하는 마음의 표현일 수도 있다. 우리는 예수님께서 우리에게 말씀하신 복을 기억해야 한다.
증인은 '복'된 사람이다. 증인은 세상에서 소수이지만 예수님과 함께하면서 엄청난 것을 깨닫게 되었다. 경험하였다. 그들이 이미 받은 은혜가 매우 큰 복이다. 그리고 그것을 전하게 될 것인데 그것이 복이다. 그러한 일을 할 때 예수님이 그들과 함께 하시는 것을 더욱더 깊이 경험하게 될 것이다. 한걸음 한 걸음이 모두 복이 된다.

24:52 그들이 그에게 경배하고. '그들'과 '경배'가 강조된 문장이다. 증인이 된 그들은 이제 경배하고 있다. 자신들을 증인으로 세우고 가신 예수님을 경배하였다. 자신들을 증인으로 세우신 분이 얼마나 위대한지 얼마나 큰 소임을 맡기셨는지를 알기에 경배하였다. 그들은 기쁨으로 예루살렘으로 갔다.